KB149961

아침 1분
아주 사소한 습관 하나

아침 1분
아주 사소한 습관 하나

하루를 통째로 바꾸는 아침 1분 루틴의 힘

류한빈 지음

포텐업

아침에 눈뜨자마자 하는
말 그리고 생각.
당신의 첫 말과 생각이 그날 하루를 지배한다.

| 차례 |

아침 1분,
행복을 발견하는 시간

우리 동네 공원에서 느끼는 햇살에도 행복이 있다

올 초에 혼자 인도네시아 여행을 다녀왔습니다. 유명한 발리섬 옆에, 길리 트라왕안(Gili Trawangan)이라는 작은 섬이 있습니다. 이 섬에는 차량 통행이 금지되어 있어 자전거를 타거나 걸어 다녀야만 합니다. 여기서 머무르는 며칠 동안, 낮에는 수영이나 다이빙을 하고 맛집도 찾아다니며 놀다가 저녁 즈음에는 늘 섬 서쪽으로 달려갔습니다.

저뿐만 아니라 이 섬의 많은 사람들이 자전거를 타고 같은 시간에 섬 서쪽으로 우르르 몰려들었습니다. 마치 명절 대이동을 보는 것 같았습니다.

약속이라도 한 듯 같은 시간에 섬 서쪽에 모인 사람들은 일제히 수평선을 바라봅니다. 이때 하늘에서는 노을이 내리고 있습니다. 사진으로도 다 담을 수 없고 말로도 다 표현할 수 없는 풍경입니다. 하던 일을 모두 멈추고, 노을이 예쁘다는 말조차도 멈추고, 그냥 넋을 놓고 바라볼 수밖에 없습니다. 그 순간 이런 생각이 들었습니다.

'왜 그렇게 안달 내면서 살았을까. 그냥 해 지는 것만 봐도 이렇게 완벽한데….'

이후 서울에 돌아오자마자 '휴가 다녀온 사람 신고식'이라도 하듯 일이 쏟아졌습니다. '이 동네 중환자는 다 나한테 오는 건가?' 싶을 정도였습니다. 같은 환자에게 세 번이나 심폐소생술을 했지만 결국 떠나보내기도 했습니다. 보호자의 오열하는 소리가 날카롭게 공간을 찢어놓았습니다. 여행의 여운에 젖을 새도 없이 그렇게 잔인하게 현실이 피부에 와 닿았습니다. 이렇게 힘들게 환자를 떠나보내고 나면 며칠 동안은 가슴이 답답합니다.

전쟁 같은 며칠을 보내고 드디어 찾아온 주말, 너무 무기력해서 정오가 다 되어가도록 몸을 일으킬 수가 없었습니다. 이렇게 하루 종일 누워 있기만 하면 안 되겠다는 생각에 어렵게 다시 몸을 일으켰습니다. 창문을 열고 바깥 공기를 좀 쐬어 보기로 했습니다. 바깥 공기가 제법 따뜻해진 게 느껴졌습니다. 잠깐이라도 외출해서 바람 쐬고 올까? 하는 생각에 슬리퍼 차림으로 겨우 집 앞 공원까지 나갔습니다. 햇살이 너무 좋았습니다. 그리고 흰 나비 한 마리가 눈앞에 보였습니다. 문득 눈물이 핑 돌았습니다. 이 순간의 행복은 인도네시아 길리 트라왕안에서 노을을 봤던 그 순간보다 결코 작지 않았습니다.

누구에게나 고통은 좀비처럼 나타난다

이 책을 쓰는 3년 동안 힘든 일들이 참 많았습니다. 처음 책을 쓰기 시작했을 때, 저는 대학에서 전임교수로 일하고 있었습니다. 하지만 여러 우여곡절 끝에 다시 제 꿈을 찾아 동물병원으로 이직했습니다. 안정적인 자리는 권태로웠고, 꿈을 찾아간 곳에는 불안이 가득했습니다. 불안하지 않으면서도 생생한 재미를 주는 일은 세상에 없다는 것. 그 진리를 다시 한번 깨닫는 날들이었습니다. 그렇게 몇 년 동안 제 앞에 맞닥뜨린 여러 일들과 씨름하며 동시에 책을 쓰느라 너무 오래 걸렸습니다. 하지만 그 덕분에 글이 더 생생해진 느낌입니다. 이 책은 끊임없이 고통이 이어지는 우리 일상 속에서 어떻게 행복을 발견하고 평온한 마음을 지킬 수 있는지에 대한 이야기니까요.

명상을 열심히 해서 마침내 깨달음을 얻으면 인생에서 고통이 사라질 거라 생각하는 분들이 많습니다. 저 역시 마찬가지였습니다. 하지만 누구에게나 고통은 사라지지 않고 끊임없이 나타납니다. 운동을 열심히 하고 건강식만 챙겨 먹는 사람이라고 해서 아프지 않은 것은 아니니까요. 저 역시 이 책을 쓰는 동안 좀비처럼 되살아나는 여러 문젯거리들을 겪어내야만 했습니다. 그 과정에서 제가 쓴 글에 저 자신이 위로받기도 했습니다. 글을 쓰고 수정하면서, 또 예전에 썼던 글을 다시 읽어보면서 큰 위안을 얻었습니다. 이번 책에서는 제가 겪었던 일상의 고단함, 삶의 고통들을 최대한 여과 없이 글로 옮기려고 했습니다. 또 행복을 운이나 외부 상황에 맡기지 않고 어떻게 스스로 만들어 나갔는지 그 과정을 있는 그대로 표현하려고 노력했습니다.

우리에게 중요한 건 거대한 목표가 아닌 일상의 사소한 행복이기에, 어떻게 하면 그것을 발견할 수 있을지에 주목했습니다.

행복은 찾아가는 것이 아니라 발견하는 것

인도네시아의 노을은 제 인생 최고의 경험이었지만, 행복을 인도네시아에 두고 올 수는 없습니다. 비행기를 타고 일곱 시간 넘게 날아가야 하는 곳에 행복이 있다면 저는 일 년에 많아야 단 한 번 행복할 것입니다. 돈이 아주 많아야, 백마 탄 왕자님을 만나야, 대단히 유명해져야 행복해질 거라 믿는다면 영영 행복하지 못할 수도 있습니다. 행복은 찾아가는 것이 아니라, 바로 내 곁에서 발견하는 것이기 때문입니다.

나의 침실에도, 샤워기 꼭지에서 쏟아지는 물줄기에도, 동네 공원에서 내 얼굴을 비추는 햇살에도, 친구의 웃는 얼굴에도 행복은 있으니까요.

이 책에는 독자 여러분이 매일 하나씩 따라 할 수 있는 아주 사소한 루틴 30개가 실려 있습니다. 모두 제가 직접 실천해봤던 방법들입니다. 아침 단 1분 동안의 실천으로 바다 건너 어느 섬의 노을을 나 자신에게 선물할 수 있기를 바랍니다.

엄마한테 가장 듣고 싶었던 말을 나 자신에게 들려준다

불행해지는 방법은 확실하다

· · ·

행복이 뭔지는 잘 몰라도 불행이 뭔지는 너무 확실합니다. 단테의 『신곡』에서 묘사된 천국, 지옥을 그린 그림만 봐도 알 수 있습니다. 지옥을 묘사한 그림은 굉장히 구체적이지만 천국을 묘사한 그림은 너무 단순하고 어색합니다. '행복'은 구체적으로 상상하기 힘들기 때문입니다.

여러분도 한번 상상해보세요. 싫어하는 사람을 가장 고통스럽게 괴롭히려면 어떻게 하면 될까요? 낯 뜨거울 정도로 구체적이고 악랄한 방법들을 쉽게 떠올릴 수 있을 겁니다. 그렇다면 이번엔 사랑하는 사람을 가장 행복하게 해줄 방법을 떠올려보세요. 아마 '바로 이거다' 싶은 명쾌한 방법이 딱 떠오르진 않을 겁니다.

그러므로 만약 행복해지고 싶다면 행복해지려고 애쓰는 것보다 우선 불행해지는 일을 하지 않는 편이 훨씬 쉽습니다. 그렇다면 불행해지는 방법에는 뭐가 있을까요? 제가 알고 있는 가장 확실하게 불행해지는 방법을 말씀드릴게요. 그것은 바로 외부 상황을 통제하려고 하는 것입니다. '지금 하는 일이 무조건 잘되면 좋겠다', '내일 비가 안 오면 좋겠다' 같은 마음을 갖는 거죠. 간절히 바라지만 그 무엇도 내 마음대로 할 수는 없습니다. 그중에서도 가장 내 마음대로 안 되는 것이 바로 타인의 마음을 통제하려 드는 것입니다. '아, 저 사람이 나를 위로해줬으면 좋겠다', '사람들이 나를 좋아해줬으면, 인정해줬으면, 도와줬으면 좋겠다'라는 마음을 갖는 거죠. 다른 사람들의 마음은 애초에 내 마음대로 되는 게 아니기 때문에 이런 마음이 간절할수록 확실히 바로 불행해질 수 있습니다. 그렇다면 타인에게 아무것도 바라지 않기만 하면 확실히 불행에서는 벗어날 수 있을 텐데 우리는 왜 그걸 잘 못할까요?

내 마음을 나만큼 아는 사람은 없다

. . . .

그 이유는 우리가 사회적 동물이기 때문입니다. 애초에 우리 인간은 사회와 조직 속에서 안정감을 느끼도록 설계되어 있습니다. 그래서 한자로도 '인간'은 사람 인(人), 사이 간(間)을 씁니다. 말 그대로 뭉치면 살고 흩어지면 죽는 것이 인간 사회이기 때문이죠. 사회에서 미움을 받고, 버림을 받고, 인정받지 못하는 것은 누구에게나 큰 두려움일 수밖에 없습니다. 문제는 '누군가 나를 인정해줬으면' 하는 마음이 너무 강해서 느끼는 고통이 누군가 나를 인정해줬을 때 느끼는 기쁨보다 크다는 것입니다. 또 한 가지 난점은 우리가 타인에게 인정받고 존중받기를 바라면서도 구체적으로 어떻게 대접받고 싶은지는 잘 모른다는 겁니다. 그저 막연하게 나한테 좀 더 잘해줬으면 하고 바랄 뿐입니다. 행복이 뭔지 잘 몰라도 불행이 뭔지는 확실한 것처럼 저 사람이 나한테 해줬으면 하는 일은 잘 몰라도 하지 말았으면 하는 일은 확실한 거죠. '나한테 함부로 반말하지 말았으면 좋겠다', '별거 아닌 걸로 불러서 하나하나 잔소리하지 않았으면 좋겠다'라는 식으로 말이에요.

그래서 내가 남에게 기대하는 것을 말로 정리해보는 게 중요해요. 부모님에게, 연인에게, 친구에게, 자녀에게 듣고 싶었던 말, 받고 싶었던 대접을 구체적으로 정리해보는 거죠. 세상 그 누구도 나보다 내 마음을 더 잘 아는 사람은 없습니다. 그 사람이 나를 얼마나 사랑하느냐와는 별개의 문제입니다. 흔히 저지르는 오류가 '네가 나를 사랑한다면~ 해야 해'라고 생각하고 말하는 것입니다. 이때 실망한 이유는 기대를 했기 때문입니다. 그러므로 기대를 한 나의 책임도 있는 거거든요. 심지어 우리는 상대에게 뭘 원하는지 제대로 표현하지도 않은 채 혼자 기대했다가 실망하고 좌절하기를 반복하기도 합니다. 그 대상이 가족, 특히 엄마인 경우에는 평생 기대하고 좌절하는 것을 반복해야 합니다. 이제는 같은 식으로 반복하는 것을 멈추고, 내가 엄마에게 듣고 싶었던 말을 나 스스로에게 해줍시다.

불안해해도 돼

. . .

저는 많은 시간을 제가 좋아하는 일을 하며 행복하게 보냈지만, 가끔은 크게 불안해하며 흔들리기도 했습니다. 그 불안함의 내용은 이런 종류였어요. '나는 힘든 일을 피하려고만 하고, 한 분야에서 꾸준히 일하지 못하는 게 아닐까?', '저 친구는 대학원 생활이 힘들다고 하면서도 끝까지 포기하지 않는구나. 난 내가 좋아하는 일만 박쥐처럼 왔다 갔다 하고 끈기가 없어', '이렇게 살다가 나중에 늙어서 후회하는 건 아닐까?' 어느 날은 이런 자괴감에 완전히 잠식당해서, 아무 일도 못 하고 며칠을 끙끙 앓다가 엄마에게 털어놓았어요.

"엄마, 나 너무 불안해. 나만 뒤처진 것 같아."

그러자 엄마는 고민도 하지 않고 이렇게 대답했습니다.

"그러니까 남들처럼 평범하게, 꾸준하게 좀 하면 되잖아? 좋은 조건, 머리 놔두고 왜 돈 안 되는 짓만 골라서 하면서 유별나게 살아?"

이 말을 듣고 저는 더 큰 자괴감에 빠졌습니다.

'그래, 뭘 기대하고 엄마한테 그런 말을 한 거야? 기대한 내가 바보지……' 하는 자책은 덤이고요. 자괴감과 불안함,

슬픔에 빠져서 저는 다른 대상을 찾았습니다. 이번엔 저에게 늘 긍정적인 말만 해주는 친구에게 불안함을 털어놓았습니다. 그러자 그 친구는 이렇게 말했습니다. "에이, 너 정도면 충분히 잘났지, 뭘 더 잘하려고 그러냐? 걱정도 팔자다. 걱정하지 마."

하지만 묘하게 이 말도 도움이 안 되었습니다. 걱정하지 말라고 한다고 해서 걱정이 안 되는 건 아니니까요.

그렇게 괴로워하기를 며칠 더 반복하다가, 유튜브에서 어떤 강의를 듣게 되었습니다. 강사는 "내 마음을 나만큼 잘 알아줄 사람은 세상에 없습니다. 아무리 나를 사랑하는 사람이라도 마찬가지입니다. 타인이 내 마음을 나처럼 알아주길 기대하지 마세요"라고 단호하게 말했습니다. 그 말을 듣고 저는 생각해봤어요. '내가 정말 듣고 싶은 말은 뭘까, 도대체 어떤 말이 듣고 싶어서 이 사람 저 사람 찾아다녔을까'라고 말이죠. 그리고 그 말을 저 자신에게 들려주기로 결심했어요. 저에게 필요한 건 따끔한 채찍이 아니라 감정적 지지였으니까요.

그래서 저는 스스로에게 이렇게 말하기 시작했습니다. '너 지금 불안하구나. 그래, 지금은 불안할 수밖에 없어.

좀 더 불안해해도 돼.' 그리고 정말 원하는 게 뭔지 스스로에게 물어보기도 했습니다.

'그 불안함을 감당하고서라도 네가 진짜 하고 싶은 일이 뭐야?'

이렇게 반복해서 내 감정을 지지해주고, 또 스스로에게 진짜 원하는 것을 묻다 보니 달라졌습니다. 물론 그렇다고 불안하지 않은 건 아니었습니다. 하지만 불안함에 맞설 용기가 생겼습니다. 불안함을 죽이고 내가 이기는 것이 아니라, 불안함과 함께 행복할 수 있는 방법을 알게 된 거죠. 세상에서 가장 내 맘을 잘 아는, '나'라는 지지자가 생겼으니까요.

오늘은 엄마에게 가장 듣고 싶었던 말을 나 자신에게 해주면서 하루를 시작해봐요. 듣기만 해도 얼음장 같았던 마음이 사르르 눈 녹듯 풀릴 만한 그런 문장을 찾아보는 겁니다. 별거 아닌 평범한 문장도 괜찮습니다. 내가 딱 듣고 싶었던 그 말이 생각났나요? 그렇다면 종이에 써서 침대 머리맡에 붙여두는 겁니다. 그러고 나서 아침에 눈뜨자마자 소리내어 읽으면서 나 자신에게 들려주는 거예요.

여기서 몇 가지 주의사항이 있습니다.

첫째, 아무리 유치한 감정이라도 있는 그대로 인정해주세요. 우리는 머리만 성숙했지 감정은 어린아이 때와 똑같습니다. 유치하고 치졸한 감정을 '사회화'라는 껍데기로 가려놓았을 뿐입니다. 하지만 이런 감정을 느낀다는 사실 자체를 수치스럽게 생각할 수도 있어요. 특히 남성들이 이런 경우가 많습니다. '내가 나 자신에게 말해주기'는 그래서 정말 필요한 과정이에요. 남들에게 말하기 낯부끄러운 감정도 꺼내서 위로할 수 있으니까요.

둘째, 내가 느끼는 부정적 감정을 정면으로 반박하지 않도록 주의해주세요. 예를 들어, '난 돈이 없어. 월급도 쥐꼬리만 하고, 운 좋게 부잣집에서 태어나서 편하게 사는 사람들을 보면 배가 아파'와 같은 생각이 든다고 가정해볼까요? 이런 사람들은 스스로를 위로하면서 이런 실수를 합니다.

'아니야! 이 정도 월급이면 충분하지! 빚이 없는 게 어디야? 그리고 난 마음이 부자라서 괜찮아!' 혹은 '돈이 없어도 괜찮아. 모든 사람은 소중하고 빛나'라고 스스로를 위로하면서 진짜 속마음을 무시하는 거죠. 하지만 생각해보세요. 정말 돈이 없어도 괜찮은가요? 정말 날것의 내 감정을 애써 무시하면서 억지 긍정으로 포장할 필요는 없습니다. 그건 거짓말이니까요. 이것은 부정적인 감정을 지우고, 긍정적인 태도를 가져보려고 하는 사람들이 자주 하는 실수입니다. 만약 나 자신이 아니라 누군가 나에게 이런 위로의 말을 했다고 생각해보면 답이 금방 나옵니다.

"엄마 나 돈이 없어서 우울해…"라고 말했더니 엄마가 "야, 너 정도면 부자지! 빚이 없는 게 어디야?"라고 말한다면 위로가 되나요? 전혀 그렇지 않을 겁니다. 이때 내가 진짜 듣고 싶은 말이 뭔지 곰곰이 생각해보세요. 나의 깊은 슬픔, 상대적 박탈감, 나의 찌질함을 있는 그대로 인정하고 모두 포용해주는 말이, 내가 정말 듣고 싶은 말 아닐까요? 별거 아닌 사소한 일로 울고 있는 아이에게 "그까짓 일 때문에 울지 마"라고 윽박지르는 엄마가 아니라 "많이 슬펐구나. 더 울어도 돼"라고 말하는 엄마가 돼보세요. 오늘 아침 그렇게 말해주는 엄마가 돼보는 겁니다. 나 자신을 내 자식이라고 생각하면서 말이에요.

day1 모닝 1분 루틴

1단계 내가 엄마에게 가장 듣고 싶은 말이 뭔지 깊이
생각해본다.

2단계 그 말을 종이에 써서 침실에 붙여둔다.

3단계 아침에 일어나자마자 1분 동안 소리 내어 읽으면서
하루를 시작한다.

일어나자마자 자리에 앉아
1분간 명상한다

가장 시끄러운 곳은 바로 나의 머릿속

• • •

여러분은 '명상' 하면 무엇이 떠오르나요? 폭포수 밑에, 혹은 산속 깊은 암자에 도인 같은 사람이 가부좌를 틀고 앉아 눈을 감고 있는 모습인가요? 아니면 조금 더 현대적으로 요가복을 입고 매트 위에 앉아 좌선하는 모습인가요?

마음이 힘들었던 경험이 있는 분이라면 한 번쯤 명상에 대해 찾아보거나, 명상을 해보신 적이 있을 겁니다. 그만큼 대표적인 마음 정리법 중 하나입니다. 최근에는 서양에서도

'마음챙김 명상(mindfulness meditation)'이 유행하고 있습니다. 성공한 기업가, 연예인들이 매일 명상하는 습관이 있다는 사실이 알려져 더 유명해지기도 했죠. 명상을 하면 마음이 한결 가벼워진다고들 하는데, 어떻게 시작하면 좋을까요?

저는 원래 사람이 많고 시끄러운 곳을 유독 싫어합니다. 번화가에 5분만 서 있어도 마음이 너덜너덜해집니다. 저 같은 I 성향이 클럽, 축제, 파티처럼 사람이 많이 모이는 곳에 가는 건 상상도 하지 못할 일입니다. 그런데 어느 날, 세상 그 어떤 곳보다 가장 복잡하고 시끄러운 곳은 바로 제 머릿속이라는 것을 알게 되었습니다.

저는 건망증이 심한 편인데, 어떤 일을 하다가도 그 일을 하고 있다는 사실 자체를 잊은 적도 많습니다. 설거지를 하다가 갑자기 뭐에 홀린 듯이 거품 묻은 그릇을 놔두고 자리를 뜹니다. 그러고는 밤에 잠들 때까지 제가 설거지를 하고 있었다는 사실을 까맣게 잊어버리는 식입니다. 또 일하다가도 갑자기 읽고 싶은 책이 생각나 도서관 사이트에 들어가 검색을 하다 보면 바로 직전에 뭘 하고 있었는지를 잊어버리곤 합니다. 가끔씩은 로또에 당첨되면 어디서 뭘 하면 좋을지, 비싼 아파트에 입주하면 인테리어 콘셉트는 어떻게 해야 할지 공상에 빠지기도 하고요. 이게 다 머릿속이 너무 시끄러워서 그렇습니다. 설거지를 할 때는 설거지 생각만 하는 것, 청소를 할 때는 청소만 생각하는 것. 그 쉬운 일조차도 머리가 시끄러운 사람에게는 힘든 일입니다.

영양제를 아무리 먹어도 피곤한 건 왜일까?

· · ·

혹시 내가 집중력이 남들보다 많이 떨어진다고 생각한다면, 그래서 한 가지 일을 오래 붙잡고 있지 못한다면 생각이 너무 많은 게 아닌지 점검해보세요. 저는 명상을 하면서 비로소 깨닫게 되었습니다. 하루 종일 별일 안 했는데도 너무너무 피곤한 건 제 머릿속이 시끄러워서라는 사실을 말이에요. 우리 머릿속은 항상 와글와글합니다. 밥을 먹으면서도 일 생각을 하고, 일을 하면서도 주말 데이트 때 뭘 입을지를 생각합니다. 우리는 평소에 과거에 대해 후회하고 미래에 대해 걱정하는 데 엄청난 시간을 쓰면서도 그것을 잘 인식하지 못합니다. 생각은 늘 계속해서 생겨나고 또 지나가기 때문입니다. 하지만 명상을 시작하면 내가 얼마나 많은 생

각을 하고 있는지 자각하게 됩니다. 내가 어떤 생각을 하는
지도 또렷하게 볼 수 있습니다. 우리 머릿속에는 없어도 되
는 지뢰들이 항상 가득합니다. 그리고 우리는 나도 모르는
사이 이 지뢰들에 에너지를 할당해버립니다. 이 지뢰의 정
체는 바로 잘못된 신념들입니다.

'무슨 일이 있어도 일을 완벽하게 해내야 해.'
'사람들에게 항상 친절해야 해.'
'쓸데없는 것에 돈 낭비하면 안 돼.'
'시간을 조금도 허투루 써서는 안 돼.'

이를테면 이런 신념들이죠. 사람마다 마음속에 늘 기본
운영체제처럼 깔려 있는 신념들이 있습니다. 이것들은 평소
에 야금야금 마음의 에너지를 갉아먹다가, 어떤 사건으로
밟히는 순간 감정을 확 터트리는 지뢰 역할을 합니다. 이런
일을 겪다 보면 너무 아프고 힘들기 때문에 평소에 우리는
더더욱 이 지뢰를 피해 살금살금 다니는 데에 에너지를 쓰
게 됩니다.

'무슨 일이 있어도 일을 완벽하게 해내야 해'라는 지뢰를

가진 사람이 있다고 가정해볼까요? 이 사람은 평소에 매사를 완벽하게 처리하기 위해 온 힘을 다할 겁니다. 여기까진 좋아요. 하지만 퇴근하고 나서도 혹시 잘못된 건 없는지 오늘 했던 일을 곱씹어보거나, 내일 할 일을 미리 걱정하면서 시간을 보내기 때문에 퇴근 이후 직장 동료에게 전화가 오면 뭔가 잘못된 건 아닐까 싶어 화들짝 놀라는 일이 많습니다. 이런 사람은 자신보다 일을 꼼꼼하게 못 하는 사람이 있으면 속으로, 혹은 남들에게 드러내놓고 욕을 하기도 합니다. 그러면서 일을 완벽하고 꼼꼼하게 처리하는 자기 자신에 대한 미묘한 우월감을 느끼며 기분이 좋아지는 거죠.

이런 사람은 어려운 일, 자기 능력보다 수위가 더 높은 일을 맡으면 남들보다 스트레스를 더 많이 받습니다. 작은 일 하나에도 세세하게 에너지를 쓰고 있기 때문에 금방 피로해집니다. 물론 겉으로는 일 잘하는 사람처럼 보일 수 있지만 내면은 늘 지쳐 있습니다. 주말에 쉰다고 쉬어도, 영양제를 아무리 챙겨 먹어도 늘 만성피로에 시달립니다. '일을 완벽하게 해내지 못함'이라는 지뢰가 터지지 않게 하려고 안간힘을 쓰고 있기 때문이죠.

마음을 비운 만큼 행복이 들어찬다

. . .

이렇게 지뢰를 애써 피해 다니면 언제까지나 고달프게 살 수밖에 없습니다. 그러니 이제 지뢰를 없애기로 결심해야 합니다. 이 지뢰를 조금씩 없애는 방법이 바로 명상입니다. 우리가 괴로운 이유는 중요하지 않은 것에 필요 이상으로 마음이 메이기 때문입니다. 명상을 오래 하면 중요한 것과 중요하지 않은 것이 명쾌하게 구분됩니다. 내가 중요하다고 생각했던 것 중에 진짜 중요한 것은 별로 없다는 사실을 알 게 되기도 합니다.

저는 이렇게 글을 쓰기 전에도 명상을 먼저 합니다. 책 한 권, 글 한 자 쓰는 데에도 정말 많은 생각이 저를 따라다니 며 괴롭힙니다. 글을 완벽하게 써야 한다는 생각, 한 번 출간 해버린 책은 평생 나를 따라다닐 것 같다는 공포감, '나는 잘 알지 못하는데, 한참 부족한 사람인데 이런 내가 책을 써도 될까?'라는 불안감, 사람들이 읽고 싶어 하는 글과 내가 쓰 고 싶은 글 사이에서 오는 괴리감…….

다 나열하기 힘들 정도로 제 머릿속 역시 지뢰들로 가득 차 있습니다. 아마도 저의 무의식 속에는 더 원초적인 고민들이 넓게 펼쳐져 있을 겁니다. 이런 고민들은 제가 글 쓰는 걸 더 어렵게 하고, 글 한 줄 한 줄을 쓸 때 더 많은 에너지를 쓰게 만듭니다.

이렇게 생각이 많을 때 한 가지 대상에 집중해서 다른 생각을 잊게 해주는 것이 바로 명상입니다. 명상을 하면 글을 쓸 때도 마음이 다른 데로 달아나지 않게 됩니다. 물론 지금도 여전히 제 머릿속에는 지뢰들이 있고 간혹 그것들이 터져서 불쑥불쑥 화가 나고 불안해질 때도 있습니다. 하지만 명상을 하고 나서는 예전보다 아주 조금씩, 천천히 앞으로 나아가고 있습니다. 가장 큰 변화는 그 어떤 것에도 '너무 중요하다'며 끙끙대지 않는 것입니다. 이렇게 비운 마음에는 그만큼의 행복이 들어찹니다.

지금, 이 순간에 집중하기

· · ·

오늘은 아침에 일어나자마자 침대에서 나오기 전에 자리에 앉아 내 몸의 감각들에 집중해보세요. 시각, 청각, 후각, 촉각 모두 좋습니다. 눈을 감고 있어도 시각을 느낄 수 있습니다.

조금 밝아지거나 어두워지기도 하고 흰색, 빨간색 등 색깔이 보이기도 해요. 앉아 있는 바닥이 푹신한지 딱딱한지도 느껴보고, 몸에 뻐근한 곳은 없는지에도 집중해보세요.

집 밖에서 들려오는 새소리, 오토바이 지나가는 소리도 들어보세요. 내가 입고 있는 옷에서 나는 냄새에도 집중해보세요. 몸의 감각에 집중하는 명상은 우리의 마음을 과거 혹은 미래가 아니라, 지금 이 순간에 잘 묶어주는 역할을 합니다.

이 짧은 명상에 익숙해지면, 언제 어디서든 명상을 할 수 있습니다. 밥을 먹을 때 밥알을 씹는 느낌, 맛, 온도, 색깔에 온전히 집중하는 것. 차에서 내리기 전에 잠깐 눈을 감고 심호흡하며 감각에 집중하는 것. 점심 먹고 자리에 돌아와 다시 일을 시작하기 전에 잠깐 눈을 감고 지금, 여기에 집중하는 것.

이런 것들이 모두 명상입니다. '지금, 여기에 집중하는 명상'은 자주 할수록 좋습니다. 좌선명상(자리에 가부좌를 틀고 앉아서 하는 명상)을 하루에 30분, 1시간, 2시간씩 하는 것만큼이나 효과적입니다.

이 명상에 대해서 얼마 전 제가 들은 이야기를 하나 하고 싶습니다.

어떤 스님이 암자에서 꿩을 한 마리 길렀는데, 그 꿩은 불규칙적으로 '꿩, 꿩' 하고 울었다고 합니다. 1분에 한 번씩 울기도 하고, 한 20분 쉬었다가 또 울기도 하고……. 그러자 그 스님은 꿩이 우는 소리가 들릴 때마다 하던 일을 멈추고 잠깐 지금, 이 순간에 집중하기로 다짐했다고 합니다. 이 스님처럼 일상 속에서 지금, 이 순간에 집중하는 명상을 연습해보면 좋겠습니다.

day 2 모닝 1분 루틴

1단계 아침에 일어나자마자 자리에 앉아서 눈을 감는다.

2단계 지금 이 순간 내 몸이 느끼는 시각, 청각, 후각, 촉각에 모든 감각을 집중해 1분간 지속해본다.

3단계 1분 명상에 익숙해지면 점차 시간을 늘려간다. 아침뿐 아니라 일상 속 어느 순간에도 '지금, 여기에 집중하는 명상'을 실천할 수 있다.

명상할 때 주의사항

①─ 특정한 결과를 바라지 마세요

'너무 중요하다'는 생각을 내려놓으려고 하는 것이 명상인데, 특정한 결과를 목표로 삼게 되면 명상 자체가 중요해져버립니다. 가끔 명상을 배우는 단체에서는 저 사람보다 빨리 깨달으려고, 다른 사람보다 더 빨리 더 깊은 명상의 단계에 도달하려고 경쟁하기도 합니다. 이렇게 되면 명상의 본래 목적에서 많이 멀어지게 됩니다. 또 세계적으로 유명한 사람들이 명상을 좋아하니까 나도 명상을 하면 더 빨리 성공할 수 있을 거라 생각하는 사람들도 있습니다. 심지어는 '돈을 끌어오는 명상법', '소원이 이루어지는 명상법' 같은 것들이 등장하기도 합니다. 돈을 많이 벌고 싶어서 눈물을 머금고 온갖 돈 버는 수단을 영혼까지 끌어모으는 것이나, 돈을 많이 벌고 싶어서 명상에 매달리는 것이나 욕심을 놓지 못한 채 집착하고 있는 것은 똑같습니다.

그러므로 이런 명상법은 본래의 목적에서 벗어나는 것입니다. 명상은 하면 할수록 마음을 내려놓게 되는 것이 올바른 방향이라는 걸 기억하세요.

②— 빠른 변화, 극적인 변화를 기대하지 마세요

명상을 하면 마음이 편해진다던데? 명상을 하면 마인드컨트롤을 잘할 수 있게 된다던데? 근데 나는 한 달 동안 혹은 일 년 동안이나 명상을 했는데 왜 아무것도 변하지 않을까?'

이런 생각 역시 명상을 그 자체가 아니라 목표를 향해 허덕이는 과정으로 만들 위험이 높습니다. 이런 생각을 품고 있으면 단 며칠만 해보고 특별한 변화가 없다고 금방 그만두거나, 더 좋은 명상법, 더 잘 가르쳐주는 명상 단체를 찾아 전전하게 되기도 합니다.

③— 명상은 '잘했다, 못했다'로 평가하기 힘듭니다

많은 명상 지도자, 혹은 명상이 습관이라는 빌 게이츠도 처음부터 눈을 감자마자 100% 집중되었을 리는 없습니다.

　명상을 처음 시작하는 사람들이 가장 많이 하는 실수가 바로 '오늘 명상이 잘 되었다 혹은 안 되었다' 하고 평가하는 것입니다. 명상은 생각을 안 하기 위해 하는 것이 아니라, 나의 생각을 잘 보기 위해 하는 것이기도 합니다. 호흡에만 집중하는 명상을 하는 와중에도 온갖 잡생각이 들 수 있습니다. 어제 마무리하지 못했던 일이 떠오르기도 할 거고, 밖에서 들려오는 자동차 경적 소리에 짜증이 날 수도 있습니다. 그럴 때는 '아, 내가 이런 생각을 하는구나' 하고 음미한 뒤 다시 호흡에 집중하면 됩니다.

④ - 명상으로 도망치지는 마세요

잠깐이라도 마음이 편안해지는 경험을 하고 싶어서 명상을 하는 건 괜찮습니다. 많은 사람들이 이런 이유 때문에 명상에 입문합니다. 힘들지 않으면 마음을 돌아보려는 결심도 할 필요가 없었겠죠. 하지만 현실과 전혀 다른 새로운 세상이 따로 있다고 생각하는 것은 망상입니다. 현실이 너무 힘들어서, 현실에서 회피하려고 하는 명상은 주의해야 합니다. 나의 일상을 더 잘살기 위해서 나의 마음을 다잡기 위해 하는 것이 명상이라는 걸 꼭 기억하세요.

day 3

눈뜨자마자 '그럴 수 있지'라고
다섯 번 말한다

모든 일을 가볍게 받아들이는 연습

• • •

여러분은 긍정적으로 살아보려고 노력한 적이 있나요? 처음 마음챙김을 시작하는 사람들은 흔히 '오늘부터 긍정적인 생각만 할 거야!'라고 다짐합니다. '오히려 좋아'라는 말이 유행하기도 했습니다. 나쁜 일이 생겨도 발상의 전환을 통해 오히려 좋은 일이라고 긍정적으로 받아들이는 노력이죠.

그런데 긍정적으로 생각하는 것보다 더 효과적인 게 있습니다. 그것은 바로 모든 일을 가볍게 받아들이는 연습을 하는 것입니다.

나쁜 감정을 애써 무시하고, 좋은 감정만 확대해서 받아들이는 것이 아니라, 나쁜 일도 좋은 일도 모두 그럴 수 있다는 듯, 가볍게 받아들이는 거죠. 물론 억울한 일을 당하거나 정말 화가 나는 일이 생겼을 때는 이렇게 생각하는 게 그렇게 쉽지만은 않습니다. 저를 포함한 많은 사람들은 남의 일일 때는 가볍게 받아들일 수 있지만 막상 자신에게 똑같은 일이 생겼을 때는 사소한 거 하나까지 민감하게 받아들입니다. 역으로 생각해보면 만약 내 일도 가볍게 받아들일 수 있다면, 삶이 훨씬 자유로워질 수 있다는 뜻이죠. 그렇다면 어떻게 하면 모든 일을 좀 더 가볍게 받아들일 수 있을지 생각해볼까요?

'긍정적으로 생각하기'와 '가볍게 생각하기'

• • •

제가 생각하는 '긍정적으로 생각하기'와 '가볍게 생각하기'의 차이점은 이렇습니다. 부정적인 감정이 올라오는데 애써 긍정적인 생각으로 바꾸려고 하는 것은 사실은 감정에 대한 억압입니다. 내 무의식을 속일 수 없다는 사실을 잊지 말아야 합니다. 예를 들어 상사에게 업무상 지적을 받아서 기분이 나쁜데 '괜찮아, 다 나를 위해서 지적해준 거니까 기분 나쁘게 듣지 않고 감사하게 생각해야겠다'라고 마음을 먹는 것은 스스로를 속이는 것이죠. 진심으로 감사한가요? 상사가 맞는 말을 했으니, 정말 기분이 괜찮은 건가요? 그러면 정말 좋겠지만 만약 그 상사가 옳은 말을 기분 나쁘게 했다면 내 기분은 나쁠 수밖에 없습니다.

'가볍게 생각하기'는 이렇게 기분이 나쁜 나의 감정을 있는 그대로 인정해주자는 겁니다. 상사는 지적할 수 있고, 나는 기분 나쁠 수 있습니다. 상사가 하는 말이 100% 옳은 말이라도, 내 기분이 나쁜 건 지극히 정상적인 겁니다.

이럴 때 필요한 마법의 주문이 바로 '그럴 수 있지'입니다. 내가 잘못한 것에 비해 상사가 더 크게 감정을 섞어 표현해서 내 마음이 상했을지라도, '그럴 수 있지'라고 생각해보는 겁니다. 그리고 꾸지람을 듣고 기분이 나쁜 나에게도 똑같이 '그럴 수 있지'를 적용합니다. 일을 제대로 못 한 건 내 잘못이지만, 혼나서 기분이 나쁜 건 사실이니까요. 모두 그냥 그럴 수 있는 일이지, 별난 일이 아닙니다. 눈치 주는 상사도, 그로 인해 좌절감이 드는 나도 정상입니다.

나쁜 일이 일어나는 건 삶의 필연이다

· · ·

무슨 일이 있어도 늘 긍정적으로 생각하겠다고 결심한 사람은, 정작 정말 큰일이 닥쳤을 때 아무것도 할 수 없습니다. 긍정만을 주문처럼 외치다 보면 세상은 마치 나를 비웃기라도 하듯 더 나쁜 사건을 가져다줍니다. 마치 "이래도 네가 긍정적인 태도를 유지할 수 있을까?"라면서 나를 시험하는 것만 같죠.

우리 삶에서 나쁜 일이 일어나지 않을 수는 없습니다. 살다 보면 상황도, 감정도 내 마음대로 조절할 수 없고, 긍정의 태도만으로는 모든 것을 해결할 수 없다는 걸 알게 됩니다. 컵에 물이 반 남았을 때는 '반이나 남았네' 할 수 있지만, 컵에 물이 겨우 몇 방울 남았을 때 '이 정도면 많이 남았네'라고 하는 건 거짓말에 가깝습니다. 그리고 스스로도 그게 거짓말이라는 걸 압니다. 모른 척하고 싶을 뿐이죠. 나쁜 감정을 외면하는 것으로 평생 도망 다닐 수는 없습니다.

'그럴 수 있지'라고 내뱉는 순간, 사소한 일이 된다

• • •

저는 처음 차를 샀을 때, 자주 사고를 냈습니다. 다행히 사람이 다친 적은 없지만, 주로 주차할 때 주변을 긁거나 다른 차를 긁는 사건들이 많았습니다. 보험 처리를 한다고 해도 자기부담금이 발생했는데 그때 저에게는 그 비용 50만 원 정도도 손이 벌벌 떨릴 정도로 큰돈이었습니다.

바쁜 와중에 차를 고치러 정비소에 가야 한다는 사실에도 화가 났고, 돈이 아까워서 화가 났고, 좀 더 조심하지 못한 나 자신에게 화가 났고, 상대 차주가 화를 낼까 봐 무섭기도 했습니다. 이렇게 하루 종일 분하고 억울해하다가 다른 일에 집중이 잘 되지 않을 지경이 되면, 마음속에 있는 화의 불씨를 꺼야 한다는 생각이 듭니다. 그래서 이때부터 감정을 억압하려고 노력합니다.

'더 큰 사고가 나지 않은 게 어디야?', '그래도 주행 중에 사고가 나는 것보단 낫지', '사람을 치지 않은 게 어디야? 이만하면 됐어, 참 다행이야'라는 식으로 억지 긍정을 시도해봅니다.

하지만 기분은 별로 나아지지 않았습니다. 이렇게 작은

사고도 전혀 없기를 바라는 제 욕심 때문이었죠. 그런데 제가 사고 낸 이야기를 듣고, 운전 경력이 오래된 선배가 이런 이야기를 해주더군요.

"그럴 수 있지. 처음 차를 사고 한 달 동안에 4번 긁는 게 국룰이야."

이 말은 약 올리는 것 같아서 더 화가 났습니다. 그래서 "남의 얘기라고 너무 쉽게 말씀하시는 거 아니에요? 돈 아까워 죽겠구만"이라고 말하면서 길길이 뛰었더니 그 선배는 또 이렇게 말했습니다.

"그럴 수 있지. 예정에도 없던 돈이 나가는데 아까워 죽지."

선배가 이렇게 말할 수 있는 이유는 분명했습니다. 첫째, 자신도 초보 시절 이미 다 경험한 일들이고 둘째, 지금 일어난 사고가 남의 이야기이기 때문입니다. 제가 '그럴 수 있지'를 마법의 주문이라고 한 건 이 말을 입으로 내뱉는 순간, 내 감정을 정면으로 반박하지 않으면서도 별것 아닌 일이 되어버리기 때문입니다.

그러니 여러분도 꼭 한번 써먹어보세요. 답답하고 억울한 일이 생겼을 때, 생각만 해도 화가 날 때, 일이 내 생각대로 잘 풀리지 않을 때, 크게 심호흡을 한 후, '그럴 수 있지'라고 소리 내어 다섯 번을 반복하는 거예요. 그러면 훨씬 더 마음이 가벼워지는 걸 경험할 수 있습니다.

화가 나는 나에게도 '그럴 수 있지'라고 말해준다

• • •

그런데 가끔은 '그럴 수 있지'가 통하지 않을 만큼 화가 나는 사건도 있습니다. 어떤 사람이 나에게 씻을 수 없는 상처를 줬고, 도저히 용서할 수 없을 수도 있습니다. 이럴 때는 '그럴 수 있지'라는 마법도 통하지 않습니다. 오히려 '아니! 그럴 수 없어!'라면서 분노가 솟구칩니다. 그럴 때는 방향만 바꿔주면 됩니다.

'그래 충분히 화날 수 있어. 내가 지금 화가 나는 건 당연한 거야. 그럴 수 있어.'

이렇게 스스로에게 말해주는 겁니다. 그러면서 참지 말고 화를 충분히 내면 됩니다. 나쁜 감정을 제대로 인정해주면 오히려 그 감정의 유통기한이 짧아집니다. 참으려고 하면 오히려 더 길어질 뿐이죠. 힘든 일이 있을 때 울어버리면 오히려 후련해지는 경험을 해보셨죠? 우는 친구를 달랠 때도 "울지 마"라고 달래기보다는 "울어도 돼, 실컷 울어"라고 말해주는 게 더 도움이 되는 이유입니다.

하지만 우리는 본능적으로 불쾌한 감정이 일어나면 덜컥 겁을 먹고 달아나곤 합니다. 애써 긍정하려고 하거나 그 생각을 하지 않으려고 애써 다른 것에 몰두하려고도 합니다. 아무 생각 없이 웃을 수 있는 예능 프로를 보거나, 쇼핑을 하면서 스트레스를 풀거나, 매운 음식이나 술로 풀기도 합니다. 저의 경우에는 잠을 자면서 화를 풀었습니다. 하지만 이렇게 회피만 하게 되면 아주 오랫동안 감정이 지속되는 단점이 있으므로 충분히 감정을 표현하는 것도 연습해야 합니다.

정당한 감정과 소모적인 감정을 구분하는 습관

· · ·

물론 그렇다고 해서 부정적인 사고 회로가 고착화되면 안 됩니다. 부정적인 감정도 정당한 것과 소모적인 것으로 구분할 줄 알아야 돼요. 예를 들어 몸이 아프면 평소보다 짜증이 많이 나죠. 저는 최근에 일이 바빠서 야근을 밥 먹듯이 했는데, 제일 바쁠 땐 3일 동안 총 열 시간도 못 자고 일을 했습니다. 이럴 때는 사람이 날카로워지고, 참을성이 없어지고, 아침에 눈을 뜨면 살기가 싫어집니다. 이때 느끼는 부정 감정은 정당한 것입니다. 이에 비해 소모적인 감정은 어떤 걸까요? 별거 아닌 일도 부정적으로 해석하는 습관입니다. 별다른 이유 없이 특정한 사람에게 짜증이 나거나 어떤 말을 해도 꼬아 듣거나 할 때가 있잖아요? 바로 이럴 때의 감정이 소모적인 감정입니다. 이 두 가지 감정을 구분하기 위해 저는 '의사처럼 말하기'라는 방법을 씁니다. 확대해석이 아닌 객관적인 사실만 나열해보는 연습을 하는 거죠.

오늘 아침에는 일어나자마자 "그럴 수 있지"를 다섯 번 입 밖으로 내뱉어보세요. 한 번 이렇게 생각하기 시작하면 점점 습관처럼 이 생각이 내 마음속에 번지게 됩니다.

그렇게 되면 그 어떤 일이 일어나더라도 '하필이면 나한테…'가 아니라 '그저 일어날 일이 일어났을 뿐…'이라고 받아들일 수 있게 돼요. 그러면 만에 하나, 나에게 불행이 닥친다고 해도 훨씬 더 수월하게 이겨낼 수 있습니다.

day3 모닝 1분 루틴

1단계 아침에 눈을 뜨자마자 "그럴 수 있지"라고 소리 내어
다섯 번 입 밖으로 내뱉는다.

"그럴 수 있지."

"그럴 수 있지."

"그럴 수 있지."

"그럴 수 있지."

"그럴 수 있지."

2단계 오늘 하루 동안 나에게 일어나는 모든 일에
"그럴 수 있지"를 붙여서 생각해본다.

3단계 만약 도저히 용납할 수 없는 일이 일어난 거라면
"너는 충분히 화가 날 만해, 그럴 수 있어"라고
스스로에게 말해준다.

day4
어제 하루를 돌아보며
감사한 일 세 가지를 떠올린다

역조건화 훈련이 효과적인 이유

· · ·

저는 대학에서 동물행동학을 강의한 적이 있습니다. 동물
행동학이란 사람으로 치면 정신건강의학에 해당하는 분과
로 동물의 정신건강을 다루는 학문입니다. 주로 동물의 행
동을 훈련, 교육하거나 약물을 이용해 치료하는 방법에 대
한 내용이 많습니다. 이 과목의 커리큘럼 중에는 강아지 훈
련법도 있는데 그중 대표적으로 '역조건화'라는 교육 방법
이 있습니다. 역조건화의 목적은 강아지가 부적절한 행동을

하지 못하게 학습시키는 것입니다. 많은 보호자들이 강아지가 식탁 위에 올라오려고 하거나, 휴지를 물어뜯거나, 낯선 사람에게 짖으며 뛰어들 때 "안 돼!"라고 말하면서 혼을 냅니다. 하지만 강아지를 키워본 사람이라면 아실 겁니다. 이 방법은 효과가 아예 없거나 그때뿐입니다. 왜냐하면 강아지는 무언가를 '하지 않아야 한다'라는 개념을 잘 이해하지 못하기 때문입니다. 그래서 필요한 교육이 바로 역조건화입니다. 역조건화는 쉽게 말하면 나쁜 행동을 대체할 수 있는 다른 좋은 행동을 미리 훈련시키는 것입니다. 먼저 평소에 강아지에게 '앉아', '기다려', '하우스' 같은 명령어를 잘 따를 수 있도록 보상을 주면서 반복 학습을 합니다.

이 학습이 제대로 된 이후라면 강아지가 낯선 사람에게 펄쩍 뛰어오르려고 하는 바로 그 순간, '앉아', '기다려'라는 명령어를 내립니다. 명령에 잘 따를 경우 칭찬과 보상을 해주면 됩니다. 강아지는 '펄쩍 뛰어오르는 행동'과 '앉아서 기다리는 행동'을 동시에 할 수 없기 때문에, 자연스럽게 뛰지 못하게 됩니다. "뛰지 마" 혹은 "안 돼"라고 말하는 것보다는 훨씬 더 효과적인 방법인 거죠. 이런 훈련을 반복하다 보면, 강아지는 낯선 사람을 봤을 때 뛰어드는 대신 앉아서 기다리는 습관을 갖게 될 거예요. 이렇듯 나쁜 습관을 버리는 것은 어렵지만 좋은 습관으로 대체하는 것은 훨씬 더 쉽습니다.

왜 하지 말라고 하면 더 하고 싶을까?

• • • •

강아지 훈련을 예로 들어 설명했지만, 사람도 마찬가지입니다. 뭔가를 하지 않으려고 노력하는 것보다 하려고 노력하는 것이 쉽습니다. 이 문장 많이 들어보셨죠?

'흰 코끼리를 생각하지 마세요.'

역설적이게도 이 문장을 읽는 순간, 흰 코끼리를 생각하지 않을 수가 없게 됩니다. 바로 이런 인간의 본성 때문에 새로운 좋은 습관을 만드는 것보다 오래된 나쁜 습관을 버리는 것이 훨씬 더 힘듭니다. 감정도 마찬가지입니다. 부정적인 감정이 일어날 때, 그 부정적인 감정을 없애려고 노력한다고 해서 없어지나요? 흰 코끼리를 생각하지 않으려고 하면 할수록 더 많이 생각나는 것처럼 나쁜 감정도 마찬가지입니다. 그러므로 습관을 바꾸고 싶다면 앞서 이야기한 '역조건화'를 나에게 적용하는 게 좋습니다.

강아지가 '앉아'라는 명령을 수행하는 동시에 사람에게 뛰어들 수 없는 것처럼, 사람도 감사한 일을 떠올리면서 그와 동시에 불평불만을 늘어놓기는 어렵습니다.

'내일부터는 불평하는 말을 하지 말자.'
'부정적인 생각은 하지 말자.'

아무리 이렇게 결심해봤자 신세 한탄을 하거나 불평하는 습관에서 쉽게 벗어날 순 없습니다. 인생은 원래 불공평하고 날마다 우리 주변에는 짜증 나고 화나고 불합리한 일들이 벌어지기 마련이니까요. 그러니 앞으로는 감사한 일들을 찾는 것에 집중해보세요. 감사하는 마음이 습관처럼 몸에 배면 자연스럽게 불평은 밀려납니다.

대부분의 종교는 감사를 강조합니다. 어릴 때 친구 따라 간 교회에서는 항상 "하나님 감사합니다"로 기도를 시작했습니다. 가진 것에 대한 감사를 습관화하면, 못 가진 것에 대한 불평이 밀려납니다. 또 대부분의 종교에서 권하는 것이 바로 기부와 봉사입니다. 불교에서는 보시라고 하고, 가톨릭에서는 헌금이라고 합니다. 헌금, 보시, 십일조와 같은 것은 단순히 신에게 무언가를 바친다는 것 이상의 의미가 있습니다. 바로 욕심을 비워내는 행위입니다. '욕심을 내지 말아야지'라고 아무리 다짐해도 실천하기 쉽지 않기 때문에, 남에게 베푸는 행위를 강조한 것이지요. 어쩌면 이미 수천 년 전부터 종교인들은 '역조건화'의 효과를 알고 있었던 게 아닐까요?

어떤 사소한 일에도 감사할 수 있다

• • •

저는 매일 플래너를 쓰는데, 플래너에는 제가 적고 싶은 것을 자유롭게 쓸 수 있는 메모란이 있습니다. 이 메모란에 감사한 일을 매일 세 가지씩 적습니다. 처음에 펜을 들고 감사일기를 써보려고 하면 막막할 수 있지만, 한 개 두 개 쓰다 보면 다섯 개까지 금방입니다. 지금 당장 떠오르는 것만 나열해볼까요? 저는 지금 노트북을 가지고 카페에 와서 글을 쓰고 있습니다. 잘 작동하는 노트북이 있어서 이렇게 글을 쓸 수 있어서 감사합니다. 그리고 오늘 카페가 조용해서 글이 잘 써지니 감사합니다. 저는 추위를 많이 타는 편인데요,

오늘 두르고 온 목도리가 따뜻해서 감사합니다. 또 주말에 하루 종일 집에 누워 있을 수도 있는데, 부지런하게 몸을 일으켜서 이렇게 글을 쓸 수 있으니 감사합니다. 커피가 적당하게 식어서 마시기 딱 좋으니 감사합니다. 어떤가요? 이렇게 앉은 자리에서만 다섯 가지 감사할 일이 생겼죠? 여러분도 지금 책 읽기를 잠깐 멈추시고, 감사한 일 다섯 가지를 한번 떠올려보세요.

억지로 쥐어 짜내는 것처럼 느껴질 수도 있는데, 아무렴 어때요? 우리의 목적은 진짜로 감사할 만한 것인지 아닌지 심사위원처럼 날카롭게 선별한 후, 감사할 만한 가치가 있는 것에만 감사하는 게 아니잖아요. 감사라는 새로운 습관이 불평이라는 오래된 습관을 누를 수 있도록 새로운 역조건화 훈련을 하는 것입니다. 그러니 그 어떤 사소한 일에도 감사할 수 있습니다.

보일러가 잘 돌아가는 따뜻한 방에 감사할 수 있고, 어제 유혹을 잘 이겨내고 야식을 참아낸 스스로에게 감사할 수도 있어요. 내가 가진 것, 내 주변 사람, 지금의 상황, 오늘의 날씨 등 모든 것이 감사의 대상입니다. 또 감사는 하면 할수록 점점 늘게 되어 있습니다. 사소한 일에도 감사한 마음을 가질

수 있는 감각이 길러지기 때문이죠. 만약 내 몸에 이런 감각
이 장착된다면 행복한 삶을 위한 큰 무기가 되지 않을까요?

day4 모닝 1분 루틴

1단계 아침에 눈뜨자마자 어제 있었던 일 중 감사한 것 세
　　　　가지를 떠올린다(잘 떠오르지 않는다면
　　　　한 가지만이라도 꼽아본다).
2단계 '○○○ 해서 감사합니다'라고 입 밖으로
　　　　발음해본다.
3단계 내 몸이 감사한 마음으로 가득 차 있다고
　　　　상상하면서 하루를 시작한다.

커튼을 열고 얼굴에
햇살을 받으면서 바람을 느낀다

일어나자마자 마시는 모닝 커피는 독

· · ·

저는 카페인 중독자입니다. 아침에 일어나서 커피 한 잔을 마시지 않으면 곧 머리가 아프기 시작해요. 어느 날 병원에 갔다가 아침에 일어나자마자 커피를 한 잔 마신다고 말씀드렸더니, 의사 선생님께서 단호하게 말씀하셨습니다. 일어나자마자 커피를 마시면 안 된다구요.

사람이 아침에 일어나서 활동을 시작하면 보통 한두 시간 내에 코르티솔이 분비되면서 몸을 깨우고 활력을 주는데,

이 시간대에 커피를 마시면 과하게 각성되어 오히려 더 피곤해진다는 말이었습니다. 코르티솔은 보통 '스트레스 호르몬'으로 알려져 있지만 아침 활동을 촉진하고 에너지를 공급한다고 해요. 이 때문에 아침에 일어난 후 최소 한두 시간이 지난 후 커피를 마시는 게 좋다고 합니다. 저는 여전히 커피를 좋아하지만, 이제는 되도록이면 오전 10시 이후에 마시려고 노력 중입니다. 습관을 고치는 게 정말 쉽지는 않았습니다. 아침에 일어나자마자 커피를 마시지 않으면 괜히 몸이 더 무거운 것 같고, 잠이 깨지 않아 비몽사몽인 채로 출근하는 느낌이었거든요. 그래서 저는 커피 말고 다른 방법을 찾았습니다. 바로 일어나자마자 커튼을 다 열어젖히고 일부러 강한 햇볕을 쬐는 거예요.

아침에 눈뜨자마자 밝은 햇볕을 쬐면 잠이 확 달아납니다. 또한 아침 햇볕은 행복 호르몬인 세로토닌과 수면 호르몬인 멜라토닌을 촉진하기 때문에 그것이 14~15시간 후에 자연스럽게 졸립게 만들어 밤에도 잘 잘 수 있습니다.

하루 종일 햇볕을 쬐지 않고 어두운 곳에만 있으면 밤에 잘 잘 수가 없죠. 더구나 요즘에는 스마트폰 등의 전자기기 사용으로 아침이고 저녁이고 불규칙적으로 빛 자극을 받기 때문에 우리 몸의 수면 사이클도 흐트러지기 일쑤입니다.

적절한 빛과 어둠을 나 자신에게 허락하자

. . .

요즘 저는 아침에 일어나 창문을 열고, 햇볕를 쬐면서 아무 것도 하지 않고, 아무 생각도 하지 않은 채 멈추어서 바람의 흐름을 느껴봅니다. 꼭 아침이 아니어도 일하다가 마음이 급할 때, 할 일이 많아 쫓기는 기분이 들 때에도 잠깐 건물 밖으로 나가 햇볕을 쬐면서 산책을 하거나 일광욕을 합니다. 의도적으로 잠깐 멈추는 것입니다. 가끔 교대 근무를 해야 해서 밤낮의 패턴이 바뀔 때가 있습니다. 이때를 위해 미리 구입한 전용 조명을 이용하기도 합니다. 낮잠을 자고 밤에 일어나 잠깐씩 일광 조명을 쬐는 거죠.

빛과 어둠의 주기는 생각보다 우리 몸에 큰 영향을 줍니다. 산란계 농장에서는 인공 조명을 사용해서 닭이 달걀을 낳는 주기를 조절하기도 합니다. 그러니 아침에 일어나 활동하기 전에는 빛을, 저녁에 자기 전에는 어둠을 스스로에게 허락해야 합니다.

잠깐 멈추어서 햇볕을 쬐는 것은 스트레스 해소와 생각 환기에도 좋습니다.

지금 필요한 건 '잠깐 멈춤'

● ● ●

요한 하리의 책, 『도둑맞은 집중력』(김하현 역, 어크로스, 2023)에서는 계속해서 분열되는 삶의 위험성에 대해 이야기합니다. 우리가 살고 있는 현대 사회는 속도가 점점 빨라지고 있죠. 기술이 발전하는 속도도 빨라지고, 정보를 습득하는 속도도 빨라졌습니다. 정보도 점점 더 늘어나기만 합니다. 그런데 이렇게 정보의 공급이 많을수록 한 가지 정보에 집중하는 시간은 짧아지고, 깊이는 얕아집니다.

약 100년 전만 해도 우리는 자연의 속도에 맞춰 살아야 했습니다. 서두른다고 해서 벼가 더 빨리 자라는 것도, 과일이 더 빨리 익는 것도 아니니까요. 하지만 요즘은 더 서두르면 더 많은 정보를 얻을 수 있습니다. 그렇기에 사람들은 서둘러야 한다는 강박에서 벗어나기 힘든 모양입니다. 짧은 시간 내에 수많은 정보를 섭렵해야 경쟁 사회에서 살아남는다고 생각하는 거죠. 하지만 세상을 파악하기엔 그 깊이가 너무 얕다는 게 문제입니다. 이럴 때일수록 '잠깐 멈춤'이 필요하다고 생각해요. 건물과 건물 사이에 공간이 필요하고 나무와 나무 사이에도 어느 정도의 공간이 있어야 아름답듯이, 나의 하루에도 일정한 공간, '잠깐 멈춤'을 선사하세요.

우리는 지금 뭐든 더하는 것보다 빼는 것에 집중하는 것이 좋습니다. 영양도 정보도 과잉 시대이기 때문입니다. 요한 하리는 요가를 배웠다고 합니다. 요가는 몇 가지 동작을 매우 천천히 하면서 근육의 움직임을 더 세세하게 느끼는 운동이자 수행법입니다. 바쁜 마음을 잠시 멈추기에 이만한 도구가 또 없죠. 그처럼 꼭 요가를 하지 않더라도 괜찮습니다. 바쁜 와중에도 잠시 숨을 고르고 하늘을 쳐다보고 바람을 느끼고 햇볕을 쬐는 여유를 가지면 됩니다.

끊임없이 정보를 집어넣는 데에만 집중하다 보면 어느 순간 숨 쉴 틈이 없어져 몸도 마음도 병이 나고 맙니다. 바쁘게 살아왔는데 어느 순간 왜 사는지 모르겠고 알 수 없는 불안감에 시달리고, 괜히 자신감이 떨어진다면 나에게 '잠깐 멈춤'이 필요하다는 신호입니다. 나에게 진짜 중요한 것들이 들어찰 공간을 위해 항상 빈 공간을 만들어놓는 연습을 하는 겁니다.

　자, 오늘은 아침에 일어나서 커피를 마시는 대신 창문을 열고 햇살을 맘껏 누려보아요. 세로토닌, 멜라토닌, 코르티솔, 엔도르핀 등등 우리 몸에 꼭 필요한 호르몬을 만들어주는 햇볕을 공짜로 온몸에 받아봅시다. 그리고 크게 심호흡을 하면서 뺨을 스치는 바람을 그냥 가만히 느껴봅시다. 잠깐 동안만이라도 '아무것도 하지 않는 나', '잠깐 멈춘 나'를 허락하며 하루를 시작해봐요.

day5 모닝 1분 루틴

1단계 아침에 일어나자마자 커피를 마시는 대신,
물 한 잔을 마신다.

2단계 최대한 밝게 거실의 불을 켜고, 커튼과 창문을
열어젖힌다.

3단계 창가에 앉아 햇살을 받는다(아침부터 강한 햇살이
직접 들어오는 계절이라면 자외선 차단제를 바르는
것이 좋다).

4단계 햇살을 받으면서 잠시 동안 아무것도 하지 않고
뺨을 스치는 바람을 느껴본다.

day6

어린 시절의 나에게
응원의 메시지를 보낸다

저는 안 쉬어요

• • •

몇 년 전 어느 술자리에서 동료가 저에게 이런 질문을 한 적이 있었습니다.

"한빈 씨는 쉬는 날 주로 뭐 하세요?"

저는 잠시 고민하다가 저도 모르게 이렇게 대답해버렸습니다.

"저는 안 쉬어요."

왜 그렇게 대답했는지는 아직도 의문입니다. 독서를 한다거나, 친구를 만난다거나, 넷플릭스를 보면서 쉰다고 적당히 말하면 됐을 텐데요.

말하는 순간 저 스스로도 당황했습니다. 그리고 급하게 상황을 수습하려고 웃으면서 덧붙였습니다.

"아, 제가 쉬면 불안해하는 성격이라서요. 이것도 병인 것 같아요, 하하하….”

그제야 그 자리에 있던 다른 분들도 한빈 씨가 원래 부지런하다는 둥, 늘 바쁜 것 같아 보였다는 둥 웃으면서 넘겼고, 대화는 다른 주제로 넘어가게 되었습니다.평범한 술자리의 일상적인 대화였지만 저에게는 이날 일이 꽤나 큰 사건이었습니다. 그날 제 입으로 "저는 안 쉬어요"라고 말하고 나서야, 제가 정말로 쉬지 못한다는 것을 새삼 깨닫게 되었기 때문이에요.

"무슨 음식을 좋아하세요?"만큼이나 쉽고 가벼운 질문인데, 저는 그 질문을 받을 때마다 매번 골똘히 생각해야 했습니다. 쉬는 날이 없는데, 쉬는 날에 뭐 하냐고 물으니까 말문이 막힐 수밖에 없었던 거죠.

이날 정말 쉬지 못한다는 사실을 깨닫고 나서 제가 가장 먼저 한 일이 뭔지 아세요? 바로 『잘 쉬는 기술』(클라우디아

헤먼드 저, 오수원 역, 웅진지식하우스, 2020)이라는 책을 사서 읽은 것입니다. 그냥 쉬면 되는데, 어떻게 쉬어야 할지를 공부하느라 또 쉬지 못하는 아이러니. 그게 바로 제 모습이었습니다. 저라는 사람은 끊임없이 생산적인 일을 해야 한다고 스스로를 몰아붙이며 살아온 것입니다.

일을 하고 있거나 일을 미루면서 죄책감을 느끼거나

• • •

'나는 언제부터 이렇게 열심히 살았을까?'

언제부터 왜 이런 강박증이 생겼는지 알고 싶었던 저는 제 자신에게 이렇게 묻고 또 물었습니다. 그러다 초등학교 6학년 때 썼던 글이 생각났습니다. 초등학생 때 가을 백일장의 주제는 늘 '운동회', '소풍' 같은 것들이었죠. 저는 가을 운동회를 주제로 산문을 써서 백일장에서 대상을 받았습니다. 저는 아직도 그 글의 내용이 기억납니다. 글은 이렇게 시작합니다.

운동회 날이 되었다. 아픈 동생은 운동회 때 아무 경기에도 참여하지 않고 울고 떼쓰면서 부모님을 속상하게 했는데, 나라도 열심히 해서 부모님을 기쁘게 해드려야겠다고 생각했다.

그리고 그 글은 이렇게 끝납니다.

열심히 하는 나를 보고 기뻐하시는 부모님을 보니 행복했다. 내년에는 동생도, 나도 잘해서 부모님을 더 기쁘게 해드리고 싶다.

초등학생 때는 그 글로 대상을 받았다는 사실이 뿌듯했습니다. 부모님도 선생님도 기뻐하셨습니다. 상으로 받은 액자를 집안 가장 잘 보이는 곳에 몇 년이나 걸어두었습니다. 그러다 고등학생이 된 후, 어느 날 문득 그 글이 꼴도 보기 싫어졌습니다. 그래서 액자를 바로 내다 버렸습니다. 그 글 속에서 '열심히 달리는데 속으로는 울고 있는 어린 시절의 내 모습'이 비쳐 보였기 때문입니다. 아픈 동생의 몫까지 다 해야 한다는 생각에 항상 남들보다 두 배로 더 잘하면서 부모님의 결핍을 채우려고 애쓰는 내 모습. 맏이로서, 누나로서 동생의 몫을 짊어지려고 했던 내 모습. 그때는 정말 그렇게 하는 것이 행복인 줄 알았지만, 지금 생각해보면 누나라고 해봐야 저 역시 초등학생일 뿐이었습니다.

　많은 아이들이 부모에게 칭찬받고, 인정받는 것에서 자기 존재의 이유를 찾곤 합니다. 부모에게 인정받지 못하는 것은 곧 버려지는 것이고, 버려지는 것은 생존의 문제이기 때문입니다. 저 역시 그런 이유로 어린 시절을 보냈고, 이제는 절대 쉬지 못하고 뭐든 열심히 하는, 혹은 열심히 하는 척하는 어른으로 자랐습니다. 저는 쉴 때마다 마음이 불편합니다. 늘 일을 하고 있거나 혹은 일을 미루면서 죄책감을 느끼고 있거나 둘 중 하나인 것 같습니다.

내 마음에 생긴 그물

· · ·

저는 사람의 마음에는 그물 같은 것이 있다고 생각합니다. 평소에는 아무렇지 않다가도 어떤 특정한 사건이 일어나면 그 마음속 그물에 걸리고 맙니다. 물론 모든 일이 다 그물에 걸리는 것은 아닙니다. 그물에 걸리는 사건은 매번 같은 모양을 하고 있다는 게 문젭니다. 한 번 그물에 걸리는 사건은 두 번, 세 번, 네 번 반복해서 일어나도 언제나 마음에 걸립니다. 예를 들어 누군가에게 돈 때문에 무시당한 적이 있는 사람이 있다고 가정해봅시다.

그 사람이 어느 날 쇼핑을 하러 가서 체크카드를 내밀었는데 "고객님, 잔액 부족이라고 뜨는데요"라는 점원의 말을 들었습니다. 점원은 있는 사실을 그냥 담담하게 전달했을 뿐이지만 그는 점원이 자신을 무시했다고 생각하고 다시는 그 가게에 가지 않습니다. 그러고는 집에 와서 혼자 '이불킥'하면서 분노를 터트립니다. 만약 그의 마음속에 그런 그물이 없었다면 그냥 담담하게 다른 카드를 내밀면서 계산을 끝내면 그만인 것이죠.

제 마음속에도 그물이 있습니다. 그 그물의 이름은 성실해야 한다는 일종의 강박관념입니다. 누군가에게 나태한 모습을 들키면 수치심을 느낀다는 게 문젭니다. 늘 부지런하게 맡은 일을 다 처리하려고 노력하지만 마음만큼 몸이 다 따라주지는 않습니다. 몸이 아파서 일을 제대로 못하게 되거나 제 마음대로 일이 진행되지 않으면 남들에게 불성실한 사람으로 찍힐까 봐 몹시도 괴로워집니다. '저 사람이 나를 욕하지 않을까?', '일을 제대로 못한다고 나를 무시하면 어쩌지?'라는 말풍선이 마음속에 피어나는 겁니다. 그러다 보니 별거 아닌 말에도 화들짝 놀라거나 오해하는 일이 생기는 거죠.

여러분도 만약 마음이 힘들어지면 이전에도 비슷한 경험이 있지 않았는지 잘 생각해보세요. 만약 잘 생각나지 않는다면 지금 내 기분에 초점을 맞춰서 내면으로 더 들어가보세요. 신체 반응에 집중해보는 것도 좋습니다. 화가 나서 호흡이 가빠진다거나, 수치스러워서 얼굴이 빨개진다거나 하는 반응들 말이죠. 여기에 집중하다 보면 과거에 겪었던 비슷한 일이 떠오를지도 모릅니다. 이 과정을 잘 거치면 내 마음속 그물이 어떻게 생겼는지 파악할 수 있게 됩니다.

저 역시 이 과정을 거쳐서 마음속 그물을 알게 되었습니다. 짐작하시다시피 이 그물은 대개의 경우 어렸을 때 겪었던 사건 때문에 생깁니다. 아주 어린 아이에게는 이런 그물이 없죠. 그러므로 마음이 힘들어질 때면 자신을 미워하기 이전에 마음의 그물을 알아챌 절호의 기회라고 생각해보세요. 그리고 나서 그물을 만들어낸 어린 시절의 나에게 말을 걸어보는 겁니다. 제가 어린 시절의 저에게 이렇게 말해주듯이 말이에요.

"운동회는 너의 날이야. 다른 누군가를 위해서 애쓰지 않아도 돼. 타인에게 인정받기 위해서 일하지 않아도 돼. 아픈 동생의 몫까지 네가 해야 할 의무는 없어. 너의 의무는 너 자신의 행복뿐이야."

day6 모닝 1분 루틴

1단계 어릴 때 겪었던 일 중에 지금까지 기억에 남는 힘든 사건을 떠올려본다.

_____

_____

2단계 그 상황으로 돌아가 어린 나에게 해주고 싶은 말을 적어본다.

_____

_____

3단계 아침에 일어나자마자 어린 시절의 나에게 응원의 메시지를 보내면서 하루를 시작한다.

일어나자마자
뻐근한 부분을 찾아내서
충분히 스트레칭한다

바른 자세만으로도 통증의 반이 사라진다

· · ·

저는 수의사입니다. '수의사' 하면 어떤 모습이 떠오르시나요? 동물병원에서 일하는 수의사들은 대부분 비슷한 복장을 하고 있습니다. 흔히 스크럽이라고 불리는 푸른색 계열의 유니폼 위에 흰색 가운을 입고, 가운 윗주머니에는 펜라이트, 체온계, 사인펜 등을 넣고 다닙니다. 그리고 목에는 청진기를 항상 걸고 다닙니다. 환자가 진료실에 들어왔을 때 청진기, 체온계 등이 항상 필요하기 때문이죠.

하지만 저는 일하면서 목에 청진기를 걸고 다닌 적이 거의 없습니다. 고질적인 목 통증 때문이었습니다. 청진기를 목에 걸고 있으면 30분도 지나지 않아서 뒷목이 끊어질 듯 아프고, 시간이 더 지나면 묵직하게 두통이 느껴집니다. 늘 필요한 물건인데 몸에 지니고 다니기가 힘드니 청진기를 여러 개 사서 진료실마다 가까운 곳에 걸어둬야 했습니다. 흔히 '똥머리'라고 부르는 올림머리도 잘 하지 못합니다. 머리가 길고 숱이 많은 편인데, 정수리 위로 머리를 높게 묶으면 무게중심 때문에 뒷목이 더 아프기 때문입니다.

저는 이렇게 목이 아픈 이유가 원래 그 부위가 약하기 때문이라고만 생각했습니다. 그런데 몇 년 전 필라테스를 하면서 왜 이렇게 목에 통증이 생겼는지 비로소 알게 되었습니다. 그건 바로 제가 항상 몸을 웅크리고 다녔기 때문이었습니다.

저의 필라테스 선생님은 이것이 스마트폰을 많이 보고 책상 앞에 오래 앉아 있는 습관 때문이기도 하지만 심리적인 습관 때문이기도 하다고 이야기해주었습니다. 스트레스받는 일이 생겼을 때, 긴장했을 때 목과 어깨를 웅크리고 과도하게 힘을 주는 습관이 있다는 말이었죠. 저도 모르게 제 몸에 자리 잡은 사소한 습관 하나가 만성통증으로 이어졌다니, 새삼스럽지만 놀라운 발견이었습니다.

내 몸을 관찰할 수 있는 건 나밖에 없다

• • •

저에게 필라테스를 가르쳐준 선생님은 운동 자체도 잘 알려주셨지만, 그 외에 생활 습관과 마음가짐에 대해서도 큰 도움을 주셨습니다. 잠을 잘 자는 것, 잘 먹는 것, 똑같은 상황에서도 스트레스받지 않는 법 같은 것들이었습니다. 운동을 아무리 열심히 하고, 약이나 건강기능식품을 챙겨 먹어도 기본적인 생활 습관이 엉망이면 건강은 나아지지 않는다는 이야기였습니다. 그리고 또 한 가지 강조한 것은 자기 자신을 시시각각 관찰하는 습관을 들이라는 거였습니다.

지금 내 기분은 어떤지, 자세는 어떤지, 몸의 어느 부위에 통증이 느껴지는지를 잘 살피고 만약 문제가 있다면 바로바로 해소해야 한다는 거였습니다. 밝은 표정과 당당한 자세, 또렷한 말투가 인상적인 선생님이었는데, 아마 그런 생활 습관이 그분 특유의 기품을 만들어준 것이 아닐까 생각합니다. 이분의 말씀대로 바른 자세와 바른 습관은 바른 마음과 아주 긴밀한 관계가 있습니다. 한동안 인기를 끌었던 책 『12가지 인생의 법칙』(조던 피터슨 저, 강주헌 역, 메이븐, 2018, 2024년 개정판 출간)에 나오는 첫 번째 법칙은 '어깨를 펴고 똑바로 서라'입니다. 내용을 간단히 요약하자면, 어깨를 펴고 당당한 자세를 취하는 것만으로도 여러 가지 호르몬이 작동해서 승자의 마음가짐을 가질 수 있다는 말입니다. 하지만 바른 자세를 유지하는 것, 그리고 내 몸을 자주 관찰하는 것은 생각보다 쉽지 않습니다. 왜 그럴까요?

평소에는 괜찮다가 주말만 되면 아프다는 사람

· · ·

그것은 우리가 내부가 아닌 외부로만 시선을 돌리기 때문입니다. 저를 포함해서 많은 사람들이 외부의 성취를 쫓느라 바빠서 내부를 잘 들여다보지 못합니다. 항상 지금 당장 해결해야 할 일, 달성해야 할 목표가 눈앞에 있기 때문에 그럴 여력이 없는 거죠. 또 목표 하나를 달성하면 그다음 목표가 다시 눈앞에 나타납니다. 나보다 더 많은 것을 이룬 사람이 눈에 보이기 때문에 언제나 새로운 목표가 생길 수밖에 없는 거죠. 물론 목표를 달성하기 위해 노력하는 건 바람직한 일입니다.

문제는 그 과정에서 나의 시선이 외부로만 쏠려 있다는 것입니다. 그러다 보면 내가 나를 잘 돌보지 못하게 되니까요. 어디가 아픈지도 제대로 파악하지 못하는 거죠. 정말 바쁠 때는 아픈 줄도 모르고 일하다가 주말만 되면 온몸이 아프다는 사람이 많은데 바로 이런 이유 때문입니다.

나 자신을 관찰한다는 것은 마치 아이를 돌보듯 내가 나 자신을 돌보는 것과 같습니다. 아이가 울면 왜 우는지 물어보는 게 첫 번째 할 일이잖아요. 그런데 우리는 어떤가요. 몸이 아프다고 비명을 질러도 그 소리에 귀 기울이지 않는 경우가 많습니다. 지금 내 몸과 마음의 불편함은 무시한 채 성취를 위해 외부에만 시선이 고정돼 있기 때문이죠. 목표를 달성하기 전에 나 자신을 돌보는 것은 사치라고 생각하기도 합니다. 이것은 아이가 배고파서 우는데 신나는 음악을 크게 틀어서 울음소리를 덮어버리는 것과 같습니다.

내가 나를 돌보는 가장 첫 번째 방법은 몸이 나에게 보내는 메시지를 잘 관찰하는 것입니다.

어떤 일에 집중할 때 이를 앙다무는 습관이 있어서 턱이 아픈 사람도 있고, 저처럼 목과 어깨를 움츠리는 습관 때문에 어깨 통증이 있는 사람도 있습니다. 모니터를 너무 오래 보느라 눈이 건조하고 피로해지지는 않았는지, 잠을 적게 자서 만성피로에 시달리고 있는 건 아닌지 나 자신을 잘 관찰해보세요.

나 자신과 대화하기

. . .

행복한 사람들은 내 앞에 주어진 일에만 집중하지 않고, 꼭 나를 돌아보고 주기적으로 체크하는 습관을 갖고 있습니다. 처음에 목표를 세웠던 때를 생각해보세요. 그 목표를 이루면 행복해질 것 같아서 절실하지 않았나요? 취직에 성공하면 행복해질 것 같아서, 목표 매출을 달성하면 행복할 것 같아서…. 하지만 목과 어깨가 아픈 나, 스트레스받는 나, 제대로 잠도 자지 못하고 일하는 나, 만성피로에 시달리는 나. 이런 나는 분명 행복하지 않습니다. 미래에 달성할 목표는 불분명하지만, 현재 느끼는 불행은 너무나도 확실합니다.

지금 내 행복을 챙긴다고 해서 달성해야 할 목표가 달아나는 것도 아닙니다. 나를 관찰한다는 게 어떤 건지 감이 잡히지 않는다면 아래와 같이 질문하고 답해보세요.

나는 지금 행복한가?

지금 내가 하는 일에 만족하고 있는가?

소중한 사람들과 함께 내 시간을 쓰고 있는가?

어느 부위에서 통증이 느껴지는가?

꾸준히 스트레스를 받는 일은 없는가?

나를 잘 돌보는 사람은 빛이 납니다. 저의 필라테스 선생님처럼요. 그리고 빛이 나는 사람 주위에 사람들이 모여듭니다. 자, 어깨를 펴고, 승자의 자세를 취해보세요. 자세만 바르게 해도 통증은 줄어들고 자신감이 생깁니다. 그리고 아침에 일어나자마자 내 몸 구석구석의 감각에 집중해 어디가 아픈지 귀 기울여보세요. 만약 조금이라도 통증이 느껴진다면 그 부위를 마사지해주고 스트레칭을 해주는 겁니다. 뭉친 근육은 나의 스트레스를 반영하기도 합니다. 어떤 근육이 뭉쳐 있는지, 왜 그곳이 뭉치게 되었는지 고민하면서 내 몸의 이야기를 들어주세요.

day7 모닝 1분 루틴

1단계 아침에 눈뜨자마자 크게 코로 들이마시고 입으로
　　　　 내쉬는 호흡을 세 번 하면서 내 몸에 산소를
　　　　 공급해준다.

2단계 심호흡하는 과정에서 내 몸 구석구석에 신경을
　　　　 집중해 아픈 데가 없는지 체크해본다.

3단계 통증이 느껴지는 부위가 있다면 그 부분을
　　　　 집중적으로 스트레칭해준다.

4단계 오늘 하루 동안 아픈 부위를 잘 돌봐주겠다고
　　　　 나 자신과 약속한다.

day8
꿈을 이루기 위해
오늘 내가 할 수 있는
가장 작은 일을 떠올려본다

지금 이 순간에만 집중하면 벌어지는 일

· · ·

저는 몇 년 전 수영을 다시 시작해서, 3년 넘게 꾸준히 취미로 하고 있습니다. 수영은 참 재미있는 운동입니다. 새벽 수영반에서 다양한 사람을 만났고, 수영에서 파생된 다른 수상 레저 활동들도 많이 할 수 있게 되었습니다. 수영은 운동 목적으로도 좋지만, 물 안에 있는 것만으로도 몸을 명상에 들어갈 수 있는 상태로 만듭니다.

힘을 줄수록 몸이 가라앉고, 힘을 빼고 흐름을 타면 비로소 자유로워지는 곳이 물속이기 때문입니다. 물속에서 악으로 깡으로 힘을 주면서 수영을 하면 우아해 보이지 않을 뿐 아니라 멀리서 보면 마치 살려달라고 외치는 것처럼 보입니다. 그에 비해 수영을 잘하는 사람을 멀리서 보면 마치 무빙 워크를 타고 움직이는 것처럼 물 위를 부드럽게 미끄러지듯 지나다닙니다.

마음을 비워야 비로소 일이 더 잘 된다는 원리가 마치 우리 인생과도 같죠. 이런 이유로 수영을 즐기는 저에게도 약점이 하나 있는데, 그것은 바로 장거리 수영입니다. 어릴 때부터 물을 전혀 무서워하지 않는 성격이었고 그 덕분에 수영, 프리다이빙, 웨이크보드 등등 물에서 할 수 있는 많은 활동을 즐기고 있는 저이지만 장거리 수영을 하다가 숨이 턱 끝까지 차오르면 물이 무서워지고 본능적으로 벽이나 레인을 붙잡고 몸을 일으키게 됩니다. 강사님이 워밍업으로 50미터 레인 4바퀴 이상을 지시하면 한숨부터 나왔습니다. 그러던 어느 날, 강사님이 장거리 수영을 덜 힘들게 하는 팁을 알려주셨습니다. 그런데 그 비결이라고 하는 것이 너무 단순했습니다.

그것은 바로 '지금 하고 있는 동작에 더 세세하게 집중하는 것'이었습니다. 팔 동작 한 번, 발차기 한 번 할 때 더 정확하게 하려고 하고, 물을 잡고 밀어내는 감각에 더 집중하면 장거리 수영이 덜 힘들다는 말이었어요. 저는 그 말이 잘 믿기지 않았습니다. 자세를 바르게 한다고 해서 갑자기 심폐 기능이 좋아지고 숨이 덜 찰 것 같지는 않았기 때문이죠. 그런데 신기하게도 강사님의 말씀이 맞는다는 걸 몸으로 체득했습니다. 장거리 수영을 할 때, 목표 미터를 정해놓고 몇 바퀴 남았는지에만 계속 신경을 쓰다 보면 숨이 더 차고 너무 힘들다는 생각만 듭니다. 계속 고개를 들어 얼마나 남았는지만 확인하게 되거든요. 그런데 팔을 돌릴 때는 팔 돌리는 것만, 발을 찰 때는 발 차는 것만, 고개를 돌려 호흡할 때는 호흡하는 것에만 집중했더니 어느새 레인 반대편 끝에 도착한 저 자신을 발견할 수 있었습니다. 지금 이 순간에만 집중하니 시간이 금세 지나가버린 거죠.

거창한 목표가 아니라 오늘 당장 할 수 있는 일

· · ·

수영장에서 수영을 배울 때는 장거리 수영을 반복하는 것

말고도 '드릴'이라는 것을 매일 하나씩 배웁니다. 수영에서 드릴은 보통 아주 작고 구체적인 하나의 동작만 반복해서 훈련하는 것을 말합니다. 팔 동작 전체를 연습하는 게 아니라, 손끝에 힘을 빼는 방법, 팔꿈치를 정확히 드는 방법, 어깨를 앞으로 내미는 방법 같은 세부적인 연습만 집중적으로 하는 거죠. 보통 한번 수업할 때마다 한 가지 혹은 많아야 두 가지 드릴을 배웁니다. 한꺼번에 너무 많은 드릴을 배우면 체력이 금방 떨어지고 동작을 몸에 익히는 것도 더 힘들어지기 때문이라고 합니다.

그런데 생각해보면 단지 수영뿐만이 아니죠. 우리가 인생에서 중요한 목표를 세우고 그것을 이루기 위해 노력하는 과정도 이와 비슷합니다. 장거리 수영처럼 당장 이루기 힘든 목표만 생각하면 우리는 좌절합니다. 자꾸 지금의 내 모습과 목표 사이의 간극만 생각하게 되기 때문이죠. 나는 100까지 가야 하는데, 지금 내 위치는 5밖에 되지 않았으니 아직 95만큼이나 더 가야 하는구나, 하는 생각에 빠져 매일매일 계산하느라 지칩니다.

공부하기 싫어하는 학생이 책 한 페이지를 읽을 때마다 시험 범위까지 몇 페이지나 더 남았나 하고 계속 책을 들춰

보는 것처럼요. 공부를 하면서 혹은 운동을 하면서 내가 이런 행동을 하고 있지 않은지 한번 생각해보세요. 그리고 만약 그렇다면 목표를 세분화하면 됩니다. 거창한 목표를 세워서 날마다 스트레스를 받는 게 아니라 하루에 하나 지금 당장 할 수 있는 작은 목표를 만들어서 해낸 이후 만족감을 느끼는 거죠. 수영장에서 하루 하나 드릴을 배우듯 말이에요.

나 자신에 대한 믿음의 증거

• • •

물론 오늘 하루 내가 정한 작은 목표를 매일 달성할 수 있는 것은 아닙니다. 그날 하루 동안 너무 바빠서 혹은 게으름을 피우다가 무심코 하루가 흘러가버릴 수도 있죠. 그럼에도 불구하고 오늘 할 수 있는 작은 목표 하나를 생각하는 것은 큰 의미가 있습니다. 목표를 위해서 내가 할 수 있는 일이 매일매일 정해져 있다는 것, 그러므로 나는 충분히 변화할 수 있다는 것을 확인하게 되니까요. 이렇게 매일 작은 행동을 하다 보면, 성취에 대한 믿음도 단단해집니다. 원래 믿음에는 증거가 필요합니다. "나는 할 수 있다!"라고 외치는 것보다 더 중요한 것은 아무리 작은 목표라 할지라도 그것을 달성한 내 모습을 확인하는 것입니다.

　운동선수나 고시에 합격한 사람들의 인터뷰를 들어보면 한 가지 공통점이 있습니다. 바로 마음이 불안할 때 몸을 움직였다는 이야기입니다. 예를 들어 '이번 시즌 경기 잘할 수 있을까?'라고 걱정할 시간에 공 한 번 더 던지면서 연습에 몰입했다는 이야기죠. 저 역시 미래가 불안할 때 이런 방법을 쓰고 있습니다. '내가 잘될 수 있을까? 내 꿈을 이룰 수 있을까?'라는 생각이 들려고 하면 바로 몸을 움직이면 됩니다. 그 시간에 책을 한 글자라도 더 읽거나, 글을 한 글자라도 더 쓰는 거죠. 한 페이지라도 더 읽고, 한 페이지라도 글을 완성했다면 그게 바로 나 자신을 믿게 해주는 증거가 되어줍니다. 날마다 나에 대한 믿음의 증거가 쌓인다고 생각해보세요. 이 증거들이 쌓일수록 탄탄한 내공을 갖게 됩니다.

내가 할 수 있는 가장 작은 단위의 일

· · · ·

그러므로 오늘은 나 자신을 믿게 해주는 증거 하나를 만든다고 생각하고 충분히 오늘 안에 내가 할 수 있는 일 하나를 정해보면 어떨까요? 바꿔 말하면 내 꿈을 이루기 위해 할 수 있는 가장 작은 단위의 일 말이에요. 조금만 노력하면 성취할 수 있는 '가장 작은 단위의 일'로 정해야 '나 자신에 대한 믿음의 증거'로 삼기가 쉽습니다. 또 이렇게 시작하면 목표보다 훨씬 더 많은 일을 하게 된다는 장점도 있습니다.

저는 수의사가 된 첫해에 유튜브를 시작했습니다. 새내기 수의사라 공부해야 할 것이 산더미였고, 매일 일상을 촬영해서 영상을 업로드하다 보니 자연스럽게 공부를 주제로 하는 유튜브 채널이 되었습니다. 그러다 보니 구독자님들에게 가장 많은 듣는 것 중의 하나가 "공부하기 너무 싫을 때 어떻게 하세요?"라는 질문이었습니다. 저는 그럴 때마다 책상 앞에 앉아서 '오늘은 목차만 읽어야지', '오늘은 정의만 읽어야지'라고 마음먹으면서 시작한다고 이야기합니다. 그런데 막상 책상 앞에 앉아서 책을 펴고, 목차만 읽으면 아쉬워서 몇 페이지 더 읽게 되고, 정의만 읽으면 또 아쉬워서 한 페이지, 두 페이지 이상 더 읽게 됩니다. 이런 흐름을 타다 보면 목표한 양보다 훨씬 더 많은 진도를 빼고 있는 나 자신을 발견하는 거죠. 나 자신에 대한 믿음의 증거가 더 두터워지는 것은 이루 말할 것도 없습니다. 물론 목표대로 딱 두 페이지 내지는 세 페이지만 읽고 덮어도 됩니다.

이 과정을 진행할 때 가장 많이 실수하는 부분이 있습니다. 바로 준비하는 데만 너무 많은 시간을 들이는 거예요. 많은 사람들이 철저하게 준비한 이후에 실천에 옮기려고 합니다. 예를 들어 근력운동이 목표라면 어떤 헬스장이 좋을지 알아보는 데만 너무 많은 시간을 들이는 겁니다. 동네 헬스장을 비교 검색해보고 후기를 찾아보고 가격을 비교하는 것만 계속 반복하는 거죠. 이 준비 과정이 길어지면 '지금 내가 뭔가 하고 있다'는 기분에 취하기만 하고 실제 행동은 계속 미루는 것이나 다름없습니다. 그러므로 오늘 하루 목표로 '헬스장 알아보기'보다는 '헬스장 결정해서 등록하기' 혹은 '오늘 팔굽혀펴기 10번 하기'가 낫다는 말입니다. 바로 내 몸으로 실행할 수 있는 목표를 정하라는 말이죠.

자, 여러분의 최종 목표, 꿈은 무엇인가요? 그 꿈을 이루기 위해 뭔가를 하고는 있는데 잘 되지 않아 속상한가요? 그렇다면 아침에 눈뜨자마자 오늘 내가 할 수 있는 가장 작은 단위의 일을 생각해보세요. 그리고 그날 하루 동안 실천에 옮겨보는 겁니다.

day8 모닝 1분 루틴

1단계 아침에 일어나자마자 나의 꿈을 다시 한번
되새긴다.

2단계 그 꿈을 이루기 위해 오늘 당장 할 수 있는
가장 작은 단위의 일이 뭔지 생각해보고 정한다.
이 일은 오늘 안에 내가 실행할 수 있는 구체적이고
현실적인 일이어야 한다.

3단계 하루 안에 아침에 정한 일을 실행한 후 성취감을
느낀다.

내가 좋아하는 일, 싫어하는 일을 3가지씩 써본다

그 일을 좋아한다고 착각하고 있지는 않나요?

• • •

픽사 애니메이션 〈엘리멘탈〉에는 아버지의 가게를 물려받는 것이 평생 꿈이었던 주인공 앰버가 나옵니다. 앰버는 그 꿈을 위해 어릴 때부터 일을 배우며 부단히 노력합니다. 힘든 사장 수업을 참아내던 어느 날, 앰버는 가게를 물려받는 건 아버지의 꿈일 뿐, 자신의 꿈이 아니라는 사실을 깨닫게 됩니다. 아버지의 전부이자 꿈이었던 가게를 외동딸인 자신이 물려받아야 한다는 의무감에 스스로 가게 일을 좋아한다고 착각했던 거죠. 많은 관객들이 앰버의 이야기에 공감했습니다.

의외로 많은 사람들이 앰버처럼 '자신이 뭘 좋아하는지, 싫어하는지' 분명히 알지 못합니다. 자신의 취향을 선택할 기회가 많지 않은 환경에서 자란 탓이 가장 큽니다. 또 호불호를 노골적으로 드러내는 것이 예의가 아니라고 생각하는 문화의 영향도 있겠죠. 어쩌면 먹고사는 데 쫓기느라 취향에 대해서는 생각해볼 기회조차 없었는지도 모르겠습니다. 그런 경우에는 좋아하는 일만 하고 살 수는 없기 때문에 좋고 싫음을 굳이 구분하지 않으려고 노력하는 거죠. 마치 편식이 나쁜 거라고 학습한 것처럼요.

어떤 경우에는 좋아하지 않는 것을 좋아한다고, 싫어하지 않는 것을 싫어한다고 착각하기도 합니다. 다른 사람의 취향에 영향을 받는 거죠. 나는 걷는 것을 싫어하는데, 남자친구가 걷는 것을 좋아하면 나도 걷는 것을 좋아한다고 착각합니다. 친구들이 다 야구를 좋아하면 대화에서 소외되지 않기 위해 사실은 그다지 좋아하지 않으면서도 야구 경기 관람에 취미를 붙이기도 합니다.

가까운 사람의 기대에 부응하기 위해 자신을 속이기도 하고, 내가 되고 싶은 모습을 내가 좋아하는 것으로 착각하기도 합니다. 사실은 체질적으로 아침형 인간이 아닌데 아침 일찍 일어나서 하루를 시작하는 게 성공한 사람의 표본이라고 스스로 되뇌면서 '나는 아침에 일이 잘 돼'라고 스스로를 속이는 거죠.

스스로를 인터뷰하다

● ● ●

좋아한다, 싫어한다는 것은 그날의 기분과 상황에 따라 얼마든지 바뀔 수 있는 개념이긴 합니다. 그런데 내가 좋아하는 것과 좋아한다고 착각하는 것, 대개의 사람들은 좋아하지만 나는 별로 좋아하지 않는 것은 예리하게 가려내야 할 필요가 있습니다. 그러기 위해서는 자신을 잘 관찰하는 과정이 필요합니다. 저의 경우 스스로를 잘 관찰한 결과 좋아하는 것과 좋아하지 않는 것은 다음과 같았습니다.

좋아하는 것 : 대부분의 겨루는 운동, 여럿이 모여서 하는 보드게임, 종이에 손글씨 쓰기, 카페에서 혼자 시간 보내기, 영상 찍기

의외로 좋아하지 않는 것 : 음악 듣기, 산책하기, 맛집 찾아다니기, 사진 찍기

싫어하는 것 : 실내 유산소 운동, 온라인 게임

　나의 호불호에 대해 깊이 생각하다 보면 점점 구체화됩니다. 예를 들어 저는 운동을 좋아하지 않는 줄 알았는데, 실내에서 혼자 하는 운동을 좋아하지 않았을 뿐, 야외에서 여럿이서 하는 대부분의 운동을 좋아한다는 것을 뒤늦게 알게 되었습니다.

　또 사진 찍기와 영상 찍기는 비슷해 보이지만, 저는 사진 찍는 것을 좋아하지 않고, 영상 찍는 것은 매우 좋아합니다. 또 온라인 게임과 모바일 게임은 일 년에 세 시간도 하지 않을 정도로 좋아하지 않지만, 여럿이서 모여서 함께 즐기는 보드게임은 좋아합니다. 처음 여행을 다니기 시작했을 때, 다른 사람들이 SNS에 올리는 맛집 사진들을 보면서 저도 맛집 위주로 동선을 계획했던 적이 있습니다. 한동안은 맛집 탐방을 위한 여행을 시도했죠. 하지만 몇 번의 여행을 다녀본 뒤에야 저에게는 맞지 않는 방식이라는 걸 깨달았습니다. 저는 아무리 멀리 여행을 가도, 거기서만 맛볼 수 있는

음식이 있다 해도, 그걸 먹어보지 않고 여행에서 돌아와도 큰 아쉬움이 없는 사람이었던 겁니다.

이렇게 좋아하는 일과 좋아하지 않는 일에 대해 생각하다 보니 제 취향을 큰 범주로 나눌 수 있다는 걸 알게 됐습니다. 저는 오감을 자극하는 것에는 크게 흥미가 없는 사람이더군요. 예를 들면 음악 감상, 아름다운 그림이 많은 전시회, 맛있는 음식 등에는 큰 흥미가 없는 거죠. 그에 반해서 재미있는 이야기에는 무척 끌립니다. 그래서 콘서트나 연주회보다는 플롯이 들어 있는 연극이나 뮤지컬 공연을 좋아하고, 전시회에 가는 것보다는 재미있는 책을 읽는 것이 훨씬 흥미롭습니다. 노래의 경우에는 리듬이나 음이 신나는 것보다 가사가 좋은 노래가 좋다는 말이죠.

나의 호불호를 알면 달라지는 것들

· · ·

그렇다면 좋아하는 것과 싫어하는 것을 이렇게 명확하게 정리하는 게 무슨 의미가 있을까요? 가장 달라지는 것은 자신의 감정이 예측 가능해지기 때문에 감정 기복이 줄어든다는 것입니다. 앞서 이야기했던 〈엘리멘탈〉의 앰버 이야기로 돌아가볼까요? 앰버는 가게를 물려받는 것이 자신의 꿈이라고 굳게 믿고 있었지만, 가게 일을 돕다가 자신도 모르게 짜증과 화가 치밀어오르는 경험을 합니다. 왜 이렇게 짜증이 나고 분노가 치미는지 모른 채 그저 '나는 감정 기복이 심하고 화가 많은 사람이구나' 하며 스스로를 탓할 뿐이었죠. 그녀의 짜증과 화는 내면에서 보내는 일종의 사인입니다. '지금 하는 일이 진짜 네가 원하는 거야?'라고 마음 깊은 곳에서부터 신호를 보내고 있었던 거죠. 만약 자신이 진짜 원하는 일을 하고 있었다면 일상이 좀 힘들어도 그렇게까지 짜증과 화가 올라오지는 않았을 겁니다. 원하지도 않는 일을 하고 있기 때문에 영문을 알 수 없는 분노가 치밀거나 엉뚱한 곳에 화풀이를 하게 되는 거죠. 호불호를 정확히 아는 것만으로도 이런 일을 줄일 수 있습니다. 마음이 훨씬 안정되는 것은 말할 것도 없습니다.

내가 나의 연인이라고 상상해보기

. . .

우리는 사회적 동물이기 때문에 언제나 타인의 관심과 사랑을 원합니다. 애인이, 가족이, 친구가 내 마음을 알아채고 보듬어주기를 바라죠. 그런데 정작 자기 자신의 마음을 잘 알아채고 원하는 대로 해주지 못하는 경우가 많습니다. 내가 좋아하는 것을 나보다 더 잘 알아주고, 맞춰주는 연인을 기대하면서 스스로한테는 그렇게 해주지 못하는 거죠. 그러니 오늘은 나 자신을 내가 사랑하는 연인이라고 생각해봅시다.

만난 지 얼마 되지 않아 한창 알콩달콩한 연인을 상상해보세요. 상대방이 뭘 좋아하는지, 뭘 싫어하는지 늘 궁금해하고 연인이 좋아하는 것을 기억해둔 다음 나중에 더 챙겨서 해주고 싶지 않나요? 이때의 마음으로 나 자신을 대해보는 거예요. 처음에는 내가 뭘 좋아하는지 잘 생각나지 않을수도 있습니다. 그냥 아무것도 하지 않고 누워 있고 싶다고 생각할 수도 있어요. 그래도 괜찮습니다. 이제부터 하나씩찾아나가면 되니까요. 생각나지 않는다는 건 지금까지 아무도 나에게 뭘 좋아하는지, 뭘 싫어하는지 물어봐주지 않았기 때문일 수도 있습니다.

그럴수록 나 자신을 사랑하는 연인 대하듯, '넌 뭘 좋아하고, 뭘 싫어해?'라고 물어보는 시간을 만들어보세요. 처음에는 어색할지도 모르지만 질문을 하면 할수록, 답변을 하면 할수록 좋아하는 일 리스트와 싫어하는 일 리스트가 점점 늘어날 테니까요.

그렇다고 해서 좋아하는 일만 하고 싫어하는 일은 절대 하지 말라는 말은 아닙니다. 정말 좋아하는 일을 하게 되면 싫어하는 일에도 더 너그러운 마음을 갖게 된다는 말이에요. 만약 시간이 부족해서 좋아하는 일을 하지 못하고 살았다는 생각이 든다면 그 일을 할 최소한의 시간을 일부러라도 만들어보세요. 일주일에 단 한 시간만이라도 괜찮습니다. 또 주변 사람 누군가가 좋아하는 일 중에 내가 끌리는 일이 있다면 시도해보는 게 좋습니다. 혼자 하기 힘들다면 그 사람에게 도움을 요청해도 됩니다. 경험의 폭이 넓을수록 미처 몰랐던 나의 취향을 발견할 기회도 늘어나는 거니까요. 새로운 일을 시도해보지 않으면 내 안의 가능성을 발견하기도 쉽지 않게 된다는 걸 기억하세요.

지금까지 이야기한 걸 정리해보자면 첫째, 하고 싶은 일을 할 시간을 만들고 둘째 새로운 일을 시도하면서 내 취향의 범위를 넓혀보는 것입니다. 이런 사소한 노력들이 쌓이다 보면 어느 순간 내 삶은 풍성한 나무처럼 주렁주렁 열매가 맺히게 됩니다. 자, 그렇게 하기 위해서는 먼저 나 자신에게 질문을 던져야겠죠?

1단계 오늘은 내가 나 자신의 연인이라고 상상해본다.

2단계 아침에 일어나자마자 나의 연인(나 자신)이 뭘
좋아하는지, 뭘 싫어하는지를 곰곰이 생각해본다.

3단계 점심시간을 이용해서 좋아하는 일 3가지와
싫어하는 일 3가지를 종이에 적어본다
(잘 모르겠으면 1가지만이라도 적어본다.
혹시 주변 사람들의 기대나 선호가 반영된 것은
아닌지 잘 생각해본다).

4단계 오늘 하루 내가 좋아하는 일 3가지 중 실천할 수
있는 것 하나는 나 자신에게 해준다. 그와 반대로
싫어하는 일은 하지 않기 위해 노력해본다.

5단계 앞으로 생각날 때마다 좋아하는 일과 싫어하는 일
리스트를 추가해본다.

오늘 모르는 사람에게
친절을 베풀겠다고 다짐한다

위기의 순간, 나타난 수호천사

• • •

저는 학교폭력의 피해자였습니다. 초등학교 6학년 때의 일입니다. 여느 학교폭력이 그렇듯 시작은 아주 단순했습니다. 가해 학생이 제 짝을 좋아했는데, 제가 짝을 바꿔주지 않았다는 이유였습니다. 저는 선생님 말씀을 지나치게 잘 듣는 학생이었기 때문에 선생님 허락을 받아오면 바꿔주겠다고 말했습니다. 그런데 그게 마음에 안 들었는지, 가해 학생은 주말에 저를 동네 중학교 앞 인적 드문 골목으로 불러냈습니다. 약속 장소에 나가보니, 비겁하게도 그 학생 외에 다른 덩치 큰 학생들이 대여섯 명 더 와 있었습니다. 온갖 욕설과 함께 때리려는 시늉까지 하며 저를 겁박하기 시작했습니다. 저는 울지 않으려고 안간힘을 썼습니다. 어쨌든 우리는 같은 반 친구 관계인데, 제가 먼저 울어버리면 정말 피해자가 된다는 생각이 본능적으로 들었던 것 같아요.

그런데 그렇게 30분 혹은 한 시간쯤 지난 때였을까요. 인적 드문 골목길에 승용차 한 대가 지나갔습니다. 그 차는 저희를 지나쳐가는 듯하더니 곧 멈춰 섰습니다. 차에서 한 부부가 내렸습니다. 뒷좌석에는 제 또래로 보이는 남학생 한 명이 앉아 있었습니다. 조수석에서 내린 아주머니는 노발대발하며 고함을 지르기 시작하셨습니다. 저에게 다가와서 저 학생들이 너를 괴롭히는 게 맞느냐고 확인하더니 마치 본인 자식 일인 것처럼 목에 핏대를 세우면서 화를 내셨습니다. 제가 가해자였다면 무서워서 눈물이 찔끔 나왔을 정도였습니다. 그분은 남편에게 지금 당장 경찰에 신고하라고 소리를 지르셨고, 아이들 팔을 붙잡고, 경찰서에 가자며 차에 억지로 태우려고 하셨습니다. 그러자 아이들은 차에 타지 않으려고 발버둥 치면서 잘못했다고 빌었습니다. 지금 생각해보면 가해자들도 고작 초등학생이었으니까요. 아주머니의 행동은 가해 학생들을 겁먹게 하기에 충분했습니다.

한참을 그렇게 야단치시던 아주머니는 가해 학생들이 보는 앞에서 저에게 명함을 하나 건네주시면서 저 아이들이 다시 괴롭히면 이 번호로 꼭 연락해라, 내가 아는 사람이 경찰서에도 있고 검찰청에도 있다고 말씀하셨습니다. 그리고 제가 끝까지 괜찮다고 했는데도, 저희 집 현관 앞까지 저를 데려다주셨어요.

그 사건 이후 월요일에 학교에 가니 그 가해 학생은 태도가 돌변하여 저에게 잘해주기 시작했습니다. 그 아이와 친해질 수는 없었지만, 그 이후로 저는 다시 이전과 같이 평온한 학교생활을 할 수 있게 되었습니다.

친절은 돌고 도는 것

• • •

최근의 학교폭력 담론들을 보고 있으면, 그때 제가 만난 아주머니는 생명의 은인 이상이었다는 걸 느끼게 됩니다. 만약 그날 그 골목길에 그 아주머니가 나타나지 않았더라면 저는 어떻게 되었을까요? 과연 그날의 가해가 끝이었을까요?

아마도 그날 그분이 나타나지 않았다면 저는 그다음 주에도, 그리고 중학교, 고등학교에 진학했을 때도 계속 괴롭힘을 당했을지도 모릅니다. 대부분의 학교폭력이 그런 식이니까요. 그리고 만약 그랬다면 제 인생은 완전히 뒤바뀌었을 겁니다.

그날 저는 그분의 명함을 받았지만, 너무 어렸기 때문에 감사 인사를 해야 한다는 생각조차 하지 못했습니다. 물론 감사하긴 했지만 그분이 저에게 해주신 일이 얼마나 대단한 일인지도 잘 알지 못했던 것 같습니다. 지금 생각 같아서는 그분을 찾아가 정말 감사하다고, 한 사람의 인생을 바꾸셨다고, 목숨을 살리셨다고, 그날 친절을 베풀어주신 덕분에 지금 이렇게 잘 자라 멀쩡한 어른이 되었다고 말씀드리고 싶은데 어디서도 그분을 찾을 수가 없습니다.

저에게 평생 소원이 하나 있다면 그분을 찾아서 "감사합니다, 그날 사람 한 명 살리셨어요"라고 진심 어린 한마디를 전하는 거예요. 그런데 몇 년 전 어느 날, 저의 사연을 들은 한 선배가 이런 말씀을 하더군요.

"꼭 그분을 찾아서 당사자에게 그대로 돌려주지 않아도

돼. 네가 낯선 사람한테 도움을 받았으니까, 다른 낯선 사람한테 그 도움을 되돌려주면 되는 거야.”

이 말을 듣고 저는 왠지 모르게 안도감이 들었습니다. 그러면서 저는 조금 더 친절한 사람이 되었습니다.

그날 저를 도와주신 분께 도움을 돌려드린다고 생각하면서 살기로 했거든요. 또 만약 힘든 일을 겪고 있는 사람을 만난다면 모른 체하지 말자고 다짐하기도 했습니다. 저의 행동 하나가 누군가의 인생을 바꾸는 일이 될 수도 있으니까요. 또 생각해보면 그렇게 거창한 도움이 아니더라도 단지 낯선 사람에게 작은 친절을 베풀어 그 사람의 기분이 나아졌다면 제가 받은 도움의 백 분의 일 혹은 천분의 일이라도 갚은 셈이 되는 게 아닐까요?

위험에 처한 사람을 만나면 모른 척하지 않기

• • •

제 이야기는 조금 극적이긴 하지만, 여러분도 분명히 살면서 친한 사람에게 혹은 생면부지의 누군가에게 어떠한 방식으로든 도움을 받았던 적이 있을 겁니다. 지금 당장 생각나지 않더라도 기억 속에 몇 개쯤은 반드시 있거든요.

만약 아무리 생각해도 기억나지 않는다면 내가 먼저 낯선 누군가에게 도움을 주는 것도 좋습니다. 꼭 내가 먼저 받고 나중에 돌려주는 게 아니라 내가 먼저 베풀고 나중에 도움 받을 일이 있을 때 기쁘게 받아보는 것도 나쁘지 않습니다.

요즘에는 낯선 사람에게 도움을 주고 또 도움을 받는 걸 어려워하는 분들도 많은 것 같습니다. 특히 낯선 사람이 친절을 베풀면 오히려 경계하는 마음이 강하죠.

큰 도움이 아니라도 괜찮습니다. 공공장소에서 나보다 뒤에 오는 사람을 위해 문을 잡아주거나 앞서가던 사람이 지갑을 흘리고 가는 걸 보면 주워서 알려주는 일 정도는 얼마든지 할 수 있습니다. 저는 앞으로 어려움을 겪는 사람, 위험에 처한 사람을 만나면 모른 척하지 않고 도와주기로 스스로와 약속했습니다. 이제 이 약속을 독자 여러분과 나누었으니 자기와의 약속이 아닌 공개적인 약속이 되었습니다. 여러분도 저와 함께 '위험에 처한 사람에게 친절 베풀기'에 동참하시겠어요?

day10 모닝 1분 루틴

1단계 지금까지 살아오면서 낯선 사람에게 도움을 받았던
적이 있는지 생각해본다.

2단계 아침에 일어나자마자 '오늘의 친절 과제'를 하나
정해본다. 아주 사소한 것도 괜찮다.

예

엘리베이터에 타려는 사람이 보이면 '열림' 버튼을 누른 채
올 때까지 기다려주기.
옆자리 동료가 바닥에 물건을 떨어뜨렸을 때 대신 주워주기.
뒷사람을 위해 문 잡아주기.
지하철에서 자리 양보하기.
회사에 가서 처음으로 만난 사람에게 커피 한 잔 건네기.

나의 친절 과제는?

_____

_____

3단계 내가 누군가에게 받았던 호의와 친절을,
다른 사람들에게 돌려줄 수 있음에 감사한다.

day 11
좋은 문장 하나를
종이에 직접 써본다

손으로 쓰는 걸 좋아하나요?

• • •

저는 손으로 쓰는 것을 좋아합니다. 필기도 다이어리도 손
으로 쓰는 것을 좋아하고, 일정도 스마트폰 캘린더를 함께
쓰긴 하지만 기본적으로 탁상 달력에 기록하는 것을 좋아합
니다. 깜지가 뭔지 아시나요? 제가 학생 때는 숙제를 안 해
가거나 교칙을 위반하면 선생님께서 벌로 깜지를 쓰게 했습
니다. 교과서에 있는 글을 노트에 빼곡하게 옮겨 쓰는 것입
니다. 대부분의 친구들은 깜지 쓰기가 너무 지겹고 힘들다

며 싫어했지만 저는 별로 싫지 않았습니다. 그만큼 손으로 쓰는 것을 좋아했어요. 공부하다가도 집중이 잘 안 되고 눈에 안 들어오면 연습장에 따라 쓰면서 암기하거나 이해하려고 했습니다. 손으로 뭔가를 쓰다 보면 자연스럽게 집중하게 되고, 머리에도 더 잘 들어오는 기분이거든요. 성인이 되고 나서도 친구들과 온라인으로 필사 모임을 하기도 했습니다. 책을 읽다가 좋은 구절이 있으면 종이에 쓴 다음, 사진을 찍어서 서로 공유하는 방식이었어요. 책 중에서도 가장 마음 깊이 와닿은 문장을 엄선해서 교환하는 거라 참 좋았습니다.

손에 모든 감각을 맡기고
쓰는 행위에만 집중하는 과정

• • • •

필사는 글쓰기처럼 고도의 사고 활동은 아닙니다. 창작이 아니라 이미 있는 글을 똑같이 베껴 쓰는 거니까요. 그런데 내 생각을 글로 표현하기가 어려운 사람이라면 우선 필사부터 해보는 것이 좋습니다. 저는 더 좋은 글을 쓰고 싶어서 필사를 하기도 하고, 좋은 글이 있다면 머리에 꼭꼭 더 채워 넣고 싶어서 필사를 합니다. 또 나중에 한 번 더 읽어보고 싶은 문장을 베껴 써두었다가 두고두고 여러 번 읽기도 합니다. 나보다 더 먼저, 더 깊이 생각해본 작가의 생각을 훔쳐 올 수 있기 때문이에요. 필사는 글자만 베껴 쓰는 것이 아니라 작가의 통찰까지 내 것으로 만들 수 있는 좋은 방법입니다. 필사를 하다 보면 글을 더 곱씹어서 읽게 되고 점점 체화(體化)되기 때문이죠. 또 사고의 범위를 확장시키는 행위이자, 책을 가장 느리게, 꼼꼼하게, 깊이 있게 읽을 수 있는 방법이기도 합니다. 당연히 문장력, 어휘력도 좋아지고 맞춤법 공부도 됩니다.

또 한 가지 필사의 효능은 일종의 명상 역할을 한다는 겁니다. 긴 글을 필사하는 과정은 생각보다 긴 시간이 듭니다. 손에 모든 감각을 맡기고 긴 시간 동안 쓰는 행위에만 집중하는 과정이 명상에 빠지는 과정과 비슷하기 때문이죠. 저처럼 잡생각이 많고 한 가지 일에 집중하는 것이 어려운 사람에게는 이렇게 한 가지에 집중할 수 있는 명상 시간이 정말 중요합니다.

필사하는 순간, 잡념이 사라진다

* * *

제가 처음에 명상을 배우고 시도했을 때, 집중이 잘 되지 않아 엄청나게 애를 먹었던 기억이 납니다. 그때는 몸을 가만히 두는 것도 힘들었고, 생각을 멈추고 호흡에만 집중하는 것도 잘 되지 않았습니다. 계속 몸을 움직이고 싶었고, 정신은 호흡에 매여 있지 않고 멀리멀리 달아나기만 했습니다.

'어제 먹었던 카레라이스 참 맛있었는데…, 혹시 그 오빠가 날 좋아하나…?, 방에 있는 책상이 너무 작은데 큰 걸로 새로 사고 싶다…, 그 카페 몇 시에 문 닫더라…?' 같은 온갖 생각들이 소떼처럼 머릿속으로 우르르 몰려들었습니다. 어떻게 앉은 자세로 머리를 텅 비울 수 있는 건지 도저히 알 수가 없었습니다. 그때 명상 선생님께서 얇은 책 한 권을 주시면서 처음부터 끝까지 다 베껴 써 오라고 하셨습니다. 명상에 대한 책이었습니다.

그날 이후 손글씨 쓰는 걸 좋아하는 저는 꾸준히 필사를 하기 시작했습니다. 그런데 별생각 없이 성실하게 숙제를 하던 어느 날, 책을 베껴 쓰는 그 순간에는 지금 쓰고 있는 문장 외에 다른 아무것도 생각하지 않는 저 자신을 발견하게 되었습니다. 한 가지 일에 집중하기 힘들어하는 저에게 필사하는 순간이 정말로 큰 마음의 평화를 가져다준 것입니다.

　그 이후로 저는 마음의 평화가 필요할 때 종종 좋은 글을 오래오래 베껴 씁니다. 스트레스를 받거나 불안하면 손톱을 물어뜯는 사람들이 있습니다. 이것은 손으로 하는 단순한 반복 동작이 신경계를 활성화해 심리적 안정에 도움을 주기 때문이라고 합니다. 이런 이유 때문인지 최근에는 많은 정신건강의학과 전문의들이 자폐증, 주의력결핍과잉행동장애, 치매 등을 앓고 있는 환자들에게 보조적 치료법으로 필사를 활용하고 있다고 합니다.* 필사가 불안한 마음을 다스리는 도구로써 이미 과학적으로도 인정받고 있는 셈이죠. 필체가 바르지 않은 것이 평소 컴플렉스였다면 필사를 더욱 추천해드립니다. 원고지 또는 격자무늬가 있는 종이에 한 자 한 자 공들여서 천천히 글자를 눌러 쓰는 습관을 들인다면 서체 교정에 큰 도움이 될 수 있습니다.

*── 〈영남일보〉, [향기박사 문제일의 뇌 이야기] 뇌랑 글쓰기랑 무슨 관계? 2021.7.19

내가 좋아하는 문장 써보기

· · ·

그렇다면 필사는 어떻게 시작하면 될까요? 일단 필사할 책부터 골라야겠죠? 필사하기 좋은 책은 따로 있지 않습니다. 내 마음에 깊이 와닿는 책이거나, 작가의 생각을 닮고 싶은 책이 있다면 그 책으로 선정하면 됩니다. 책 속의 좋은 문장만 골라서 써도 좋고, 한 권의 책을 정해서 처음부터 끝까지 모두 필사하는 것도 좋습니다. 정말 오랜 시간이 걸리겠지만, '나의 인생 책'이라고 부를 만큼 좋아하는 책이 있다면 도전해보는 것도 좋아요. 빠른 시간 내에 다 베껴 쓰는 것을 목표로 하지 말고, 내가 좋아하는 책을 곱씹어 읽어본다는 것을 목적으로 시간이 날 때마다 아주 조금씩, 천천히, 자주 베껴 쓰면 됩니다.

저의 인생 책은 에크하르트 톨레의 『삶으로 다시 떠오르기』(류시화 역, 연금술사, 2013)입니다. 이 책을 처음부터 끝까지 다섯 번 정도 읽었습니다. 다섯 번 완독한 것으로도 모자라, 요즘 이 책을 처음부터 끝까지 필사하는 것에 도전하고 있습니다. 꽤 두꺼운 책이라 앞으로도 시간이 오래 걸릴 것 같지만, 모든 문장을 곱씹어 마음에 새겨서 내 것으로 만들고 싶기 때문에 도전하게 되었습니다. 책 한 권을 꾸준히 쓰는 게 버겁다면 그냥 무조건 좋아하는 것부터 써도 됩니다. 흥미가 있어야 지속 가능하니까요. 압박감을 가지지 않는 것도 중요합니다. 꾸준히 쓰고 싶은 만큼만 쓰고, 힘들면 펜을 내려놓아도 됩니다. 뭘로 쓰든, 어떤 책으로 하든 상관없습니다. 꼭 책이 아니라도 괜찮습니다. 신문이나 잡지에서 발견한 짧은 산문도 좋고, 영화 속 대사 혹은 시나 노래 가사도 좋습니다. 공책에 쓰든 스케치북에 쓰든, 태블릿 pc에 전자펜으로 쓰든 상관없습니다(단 키보드로 타이핑하는 것은 추천하고 싶지 않습니다). 예쁜 펜으로 쓸 때, 예쁜 다이어리에 쓸 때 기분이 좋아진다거나 하는 자신만의 취향을 반영하는 것도 물론 좋습니다. 쓸 때 기분이 좋아지고, 만족스러울수록 습관으로 만들어 오래 지속하기가 쉬우니까요. 단, 예쁘게 쓰는 것에만 너무 몰두하다 보면 주객이 전도될 수도 있겠죠. 예쁘게 써지지 않아서 계속 고쳐 쓰고 있다면 지금 필사를 하는 목적이 뭔지 다시 한 번 점검해봐야 합니다. 연필 쥐는 자세가 나쁘다면 그것부터 고치는 것도 좋습니다. 저는 어릴 때부터 펜을 바르게 쥐지 않고, 중지와 약지 사이에 끼워서 쓰는 습관이 있습니다. 또 힘을 많이 줘서 꼭꼭 눌러쓰는 편입니다. 이렇게 쓰면 손가락과 손목에 부담이 많이 가기도 하고 굳은살도 쉽게 생겨서 오래 쓰기가 힘듭니다. 그래서 오래 필사할 때만이라도 바르게 쥐고 힘을 약간 덜 주면서 쓰려고 노력합니다. 조금 덜 익숙하고, 서체는 예쁘지 않지만 그래도 편안하게 더 오래 쓸 수 있습니다.

오늘 하루는 종이에 내가 좋아하는 한 문장을 쓰면서 시작해보면 어떨까요? 마음도 잔잔해지고, 쓰고 나서 결과물도 눈에 보이기 때문에 성취감까지 느낄 수 있을 거예요. 다 쓰고 나서 문장이 혼자 읽기 아깝다면 사진을 찍어서 친구들에게도 공유해보세요. 색다른 재미가 느껴질 거예요.

day11 모닝 1분 루틴

1단계 평소에 좋은 책이나 좋은 문장, 좋은 가사,
좋은 대사를 접할 때마다 문장을 선별해 따로
저장해둔다.

2단계 아침에 일어나(혹은 사무실에 출근한 다음 차
한잔을 하면서) 그중 가장 좋아하는 딱 한 문장을
골라 1분 안에 종이 위에 적어본다.

3단계 문장이 맘에 든다면 사진을 찍어서 내가 좋아하는
친구에게 이미지를 전송한다.

돈에 구애받지 않는다면
뭘 하고 싶은지
스스로에게 물어본다

정말 내가 하고 싶은 일이 뭔지
알게 해주는 질문 한 가지

• • •

"돈에 구애받지 않고 살 수 있다면 당신은 어떤 일을 하며 살고 싶나요?"

저는 이 질문을 참 좋아합니다. 몇 년 전 친구가 저에게 했던 질문인데, 요즘도 새로운 사람을 만나면 이 질문을 꼭 해봅니다. 돈에 구애받지 않는다는 전제가 깔리면, 진짜 내가 뭘 하고 싶은지 처음부터 생각할 수 있거든요. 저는 이 질문에 늘 고민 없이 이렇게 답했습니다.

"승합차를 한 대 사서, 각종 의료 장비를 실은 다음 전국에 있는 유기견 보호소를 다니면서 의료봉사를 하고 싶어요. 제가 하고 싶을 때, 하고 싶은 만큼만요."

저는 제가 좋아하는 것을 명확히 아는 편입니다. 동물을 좋아하고, 남을 돌보는 것을 좋아하고, 제 전공인 수의학도 좋아합니다. 그리고 가장 좋아하는 것은 바로 '좋아하는 일을 원하는 만큼 하는 것'입니다. 아무리 좋아하는 일이라도 의무적으로 하거나 강제로 하게 되면 싫어진다는 걸 잘 알기 때문입니다.

열심히 일상을 살아가다가도 문득 일이 너무 하기 싫어지거나 삶에 회의감이 들 때는 미래의 제 모습을 상상해봅니다. 누가 시켜서 하는 게 아니라 정말 스스로 원하는 일을 자유롭게 하는 제 모습을 말이에요.

욕망하면서도 욕망의 고통에서 벗어나는 법

· · · ·

'하고 싶은 일이 명확하면, 어떻게든 방법이 생긴다.'

저는 이 말을 믿는 사람입니다. 이 말과는 정반대로 이런 말도 있죠.

'욕심은 스스로를 괴롭힌다.'

여기서 많은 분들이 당황해합니다. '그러면 아무 목표 없이, 아무 욕망 없이 사는 것이 행복한 삶일까? 목표가 없으면 어디에 기대어 살아야 하지? 동기가 없이 어떻게 열심히 살 수 있지?' 하고 말이에요.

그런데 욕심을 내려놓는다는 것은 아무것도 원하지 않은 채로 노력하지 않는다는 뜻은 아닙니다. 그렇다면 원하는 것을 마음껏 원하면서도 욕망에서 파생되는 고통으로부터 자유로워지는 방법이 있을까요? 제가 생각하기에는 다음 문장을 마음에 새기면서 목표를 추구하면 됩니다.

지금 나에게 뭔가가 부족해서 행복하지 않다는 생각은 사실이 아니다.

이를테면 '지금 이대로도 충분한데, 나 저것도 한번 해보고 싶어!'라는 마음을 갖는 거죠.

'난 예쁘지 않아, 그러니까 다이어트를 해서 날씬해져야지만 사랑받을 수 있어'와 '지금도 충분히 괜찮지만, 운동을 한다면 더 보기 좋아질 수도 있어'는 다릅니다. 친구들에게도 이런 화법을 자주 씁니다. "나 살쪘어, 살 빼야 돼"라고 말하는 친구에게 "와, 지금도 예쁜데 살까지 빼면 장난 아니겠다!" 하는 식으로요. 살을 빼서 더 예뻐지고 싶다는 욕망을 부정하지도 않고, 현재 상태를 지나치게 평가 절하하지도 않고, 바꾸고 싶은 미래에 집착하지도 않는 화법입니다.

우리가 욕망을 추구하면서 고통스러운 것은 '이게 없어서 불행하고, 이걸 가지면 행복해질 것이다'라는 잘못된 믿음 때문입니다. 뭔가를 더 가져야만 행복해질 거라는 생각은 출발부터 위태롭습니다. 이렇게 생각하면 설사 그 뭔가를 손에 쥔다고 해도 행복이 찾아오지 않을 확률이 높습니다. 막상 그것을 가진 이후에는 점점 권태에 빠지게 마련이니까요. 그렇게 되면 습관처럼 또 다른 성취를 욕망합니다. 이렇게 계속해서 '욕망 → 성취 → 권태 → 새로운 욕망'이 쳇바퀴처럼 반복되는 삶에 갇힐 수밖에 없습니다.

주변을 살펴보면 자기 자신을 평가 절하해서 거기서 우러나오는 고통을 추진력 삼아 안간힘 쓰는 사람들이 슬프게도 정말 많습니다. '나는 못났어, 얼굴도 못생겼고 부모님도 가난해. 이대로 있다가는 절대 사랑받을 수 없을 거야, 돈을 많이 벌어야만 그나마 사람 노릇을 할 수 있어'라고 스스로를 비하하는 식입니다.

이렇게 스스로를 채찍질하면 고통스럽습니다. 자신을 편안하게 해주는 데 익숙하지 않고 늘 고통스러워야 열심히 노력하는 증거라고 여깁니다. 물론 이렇게 해서 원하는 것을 얻은 후, 영원히 행복해진다면 다행이지만 그렇지 않다는 게 문젭니다. 얼마 후 또 다른 채찍질을 하게 되는 굴레에 빠져 있으니까요. 그러므로 만약 욕망하는 걸 갖지 못해 괴롭다면 일단 멈춰보세요. 그리고 '지금 이대로도 충분해'라는 말을 되뇌어보세요. 이걸 인정하면 훨씬 더 가뿐한 마음으로 새로운 일에 도전할 수 있습니다.

인식의 문화 지체 현상

· · ·

우리는 학교에 다니면서 늘 성적으로 평가받고, 만점에서 얼마나 모자란지 확인하고, 틀린 문제에 집중하는 삶을 살아왔습니다. 엄격한 부모님 밑에서 단점만 지적받고 살아왔을 수도 있습니다. 바쁘게 경쟁하는 삶에서는 항상 위만 올려다봅니다. 나보다 잘난 사람들과 나를 비교합니다. 그래서 내가 가지지 못한 것에만 집중하고 더 채워야 한다고 느낄 수 있습니다. 하지만 이것은 그냥 '생각의 습관'일 뿐입니다. 역사가 오래된 '사회적 관습'이기도 합니다.

저는 채식주의자입니다. 제가 채식을 한다고 하면 주변 사람들은 저의 영양 결핍에 대해 걱정합니다. 단백질은 어떻게 섭취하는지, 채식을 하면 자주 아프진 않은지 걱정합니다. 겨울에 감기라도 한 번 걸리면 "고기를 안 먹어서 그런 거 아니야?"라는 말을 꼭 듣게 됩니다. 하지만 여러분 주변을 한번 살펴보세요. 영양 결핍으로 아파서 병원에 다니는 사람들이 많나요? 아니면 그와 반대로 비만, 당뇨, 고지혈증 등 영양 과잉으로 아픈 사람들이 많나요? 지금 우리는 영양 결핍이 아니라 영양 과잉을 걱정해야 하는 시대를 살고 있습니다. 하지만 아직도 많은 사람들은 변화에 적응하지 못한 듯 채식주의자의 영양 결핍을 걱정하고 있습니다.

사실 이것은 우리가 배고팠던 시기를 겪은 지 얼마 되지 않았기 때문입니다. 당장 50년 전만 해도 못 먹어서 아픈 사람들이 많았으니까요. 고기는 에너지 밀도가 높고 다양한

단백질 구성을 갖추고 있기 때문에, 웬만한 영양 결핍은 해소할 수 있는 좋은 에너지원입니다. 40~50년 전에는 영양이 부족해서 아픈 사람들이 정말 많았을 겁니다. 겨우 두 세대 전의 일이죠. 세상은 빠르게 바뀌어서 이제는 결핍보다 과잉을 걱정해야 하는 시대가 되었는데, 사람들의 인식은 아직 그 변화의 속도를 따라잡지 못하고 있습니다. 그러므로 이것은 일종의 문화 지체 현상이라고 말할 수 있습니다.

우리의 욕망도 이와 마찬가지 현상을 겪고 있습니다. 이미 충분히 갖고 있어도 마음은 항상 나에게 속삭입니다. '넌 아직 부족해. 더 욕심을 부려봐'라고 말이죠. 이 역시 모든 물자가 부족해서 불행했던 시절을 겪은 지 얼마 되지 않았기 때문에 나타나는 인식의 문화 지체 현상입니다.

그래서 어른들은 더 가져야 되고, 더 열심히 살아야 되고, 더 좋은 성적을 받아야 한다고 아이들을 다그칩니다. 사람들은 SNS를 통해 내가 더 많이 가졌으니 나는 행복한 사람이라며 자기를 과시합니다. 마케터들은 '당신이 불행한 이유는 우리 회사의 제품을 가지고 있지 않아서다'라고 끊임없이 세뇌합니다. 이런 환경에서 그냥 멍하니 살면 '내가 불행한 것은 더 가지지 못해서야'라고 생각하게 될 수밖에 없습니다.

그러므로 이럴 때일수록 나의 주관, 내가 정말 하고 싶은 일이 뭔지를 분명히 알아야 합니다. 그게 뭔지 정확하게 안다면 결과에 집착하지 않고 그 자체를 즐길 수 있게 되니까요.

오늘은 결핍에서 비롯된 욕망이 아닌 진짜 나의 욕망을 알 수 있게 스스로에게 질문해보세요. '돈에 구애받지 않는다면 넌 뭘 하고 싶니?'라고 말이에요. 그리고 진짜 하고 싶은 걸 찾았다면 이렇게 말해보는 겁니다. '지금 이대로도 충분하지만 만약 돈에 구애받지 않는다면 '그 일'에 한번 도전해보고 싶어'라고요. 이렇게만 생각해도 이미 충만한 느낌이 듭니다. 이미 나 스스로가 충만한 느낌이 들면 어떤 상황에서도 절박해지지 않습니다.

day12 모닝 1분 루틴

1단계 아침에 일어나서 '돈에 구애받지 않는다면
넌 뭘 하고 싶니?' 하고 나 자신에게 물어본다
(가만히 생각해보면 그 일은 사실 지금도 어떤
방식으로든 할 수 있는 일이라는 걸 알게 된다).

2단계 그 질문에 대한 답을 찾았다면 '그 일'을 하는
나 자신에게 응원의 메시지를 보내면서 하루를
시작한다.

창문을 열고
1분간 먼 산을 바라본다

해야 할 일들은 왜 좀비처럼

끊임없이 나타날까?

. . .

현대인은 바쁘고 할 일이 늘 산더미처럼 쌓여 있고 머릿속
이 꽉 차 있습니다. 저도 그랬습니다. 저는 오랜 시간 수의사
로 일하고 있습니다. 동물병원의 진료실은 대부분 외부로
창이 나 있지 않은 폐쇄된 공간입니다. 두세 평 정도 되는 공
간에서 책상 하나를 두고 종일 일하면서, 점심도 동물병원
안에서 도시락으로 해결할 때가 많았습니다. 로비에는 언제

나 진료를 기다리는 환자와 보호자가 줄을 지어 앉아 있고, 전자차트 프로그램에는 언제나 대기 중인 환자 목록으로 꽉 차 있습니다. 바쁜 날에는 '진료를 본다'가 아니라 '진료를 쳐낸다'라는 표현이 더 어울릴 정도로 한숨을 돌릴 잠깐의 여유조차 없습니다. 마치 찰리 채플린의 〈모던 타임즈〉에 나오는 한 장면처럼 컨베이어벨트 위에 올라간 환자들이 끊임없이 밀려오는 것처럼 느껴질 때도 있었습니다.

어느 순간, 이런 삶에 변화가 필요했던 저는 대학에서 교수로 일하는 기회를 잡게 되었는데, 이때도 사정은 크게 달라지지 않았습니다. 다행히 교수 연구실엔 밖으로 난 창문이 있었지만 등지고 앉은 채로 모니터를 보면서 일해야 했기 때문에 늘 블라인드로 창문을 가리고 살았습니다. 강의 시간 외에는 사람을 만날 일도 별로 없었습니다. 늘 연구실에 틀어박혀서 교직원 선생님들과는 이메일로 소통했기 때문에 하루 종일 말 한마디 하지 않은 채로 밤 10시가 넘도록 야근하는 날이 많았습니다. 그러자 점점 가슴이 답답해지고, 머릿속이 꽉 차고, 해야 할 일들은 좀비처럼 계속 나타나 숨도 쉬지 못하게 저를 짓눌렀습니다.

지금 당신의 시야가 좁아지고 있다

• • •

많은 직장인들이 저와 비슷한 일들을 겪고 있을 거라 생각합니다. 20인치가 좀 넘는 모니터에서 하루 종일 시선을 몇번 떼지 못한 채 일상을 보냅니다. 이렇게 일하다 보면 창의적인 발상은커녕 눈앞에 떨어진 과제들을 제시간 안에 쳐내기에도 바쁩니다.

특히 요즘 사람들은 좁은 범위의 일을 처리하는 경우가 많습니다. 큰 조직에서 일할수록 그 정도가 심합니다. 전체적인 일의 윤곽은 알지 못한 채 자기가 맡은 부분의 일을 반복해야 하니까요. 공부를 많이 한 사람이라고 해서 크게 다르지 않습니다. 고도로 전문화된 일을 하는 사람들도 자기가 맡은 아주 작은 범위 내에서만 일하는 경우가 의외로 많습니다.

이렇게 좁은 영역에서 쉴 틈 없이 바쁘게 일하다 보면 '브레인 포그' 현상이 일어납니다. 말 그대로 머릿속에 안개가 끼는 것입니다. 시야가 좁아지고 계속 제자리에서만 맴돌고 있다는 느낌이 듭니다. 기억력이 떨어지고 피로, 우울이 일상을 지배하다 보면 일이 잘 되지 않고 마음만 급해집니다.

만약 이런 증세를 겪고 있다면 '내가 작은 일에 갇혀 있구나', '내 시야가 좁아지고 있구나'라고 알아차려야 합니다. 이럴 때는 뇌에도 환기를 시켜줘야 합니다. 그중 제가 찾은 한 가지 방법은 '구글 어스(Google Earth)'라는 프로그램입니다. 구글 어스는 구글에서 제공하는 위성 지도 프로그램입니다. 여기서는 전 세계 대부분 지역의 위성 사진을 제공합니다. 저도 처음에는 우리 집, 우리 사무실을 찾는 재미로 시작했는데, 세계 이곳저곳을 모니터 안에서 탐험할 수 있다는 점에서 매력을 느꼈습니다. 특정 지역의 위성 사진을 보다가 계속 스크롤을 내리면 내가 보고 있는 지역이 점점 작아지다가 우주 위에 덩그러니 떠 있는 지구를 볼 수 있습니다. 우리 집 골목에서부터 점점 멀리, 멀리… 멀어지다가 화면 가운데 나타난 지구. 그 지구의 모습이 보이면 잠깐 몇 초간 눈을 감고 나 자신을 생각해봅니다. 그러면 하루 종일 창문을 닫고 히터를 틀어놓았던 갑갑한 작은 방에, 찬 겨울 바람이 휙 지나간 것처럼 머리가 맑아집니다.

뇌에 새로운 공기를 넣어주는 방법

· · ·

뇌를 환기시키는 또 다른 방법에는 명상이 있습니다. 앞서 2일차 루틴으로 이미 소개한 바와 같이 명상은 평소에 중립 상태를 유지할 수 있도록 힘을 줍니다.

하지만 좁은 데 갇힌 것처럼 답답하다는 생각이 들 때면 신선한 바람이 절실할 때가 있습니다. 또 머리가 너무 복잡하고 생각이 꽉 막혀 있을 때는 명상에 들어가는 것도 힘듭니다. 명상을 시작한 지 얼마 되지 않은 초심자일수록 더 힘듭니다. 이때는 몸을 격렬하게 움직이는 운동이 제일 좋지만, 여건이 허락하지 않을 때는 확 트인 공간에 가서 먼 곳을 바라보는 것만으로도 큰 효과를 볼 수 있습니다. 저는 지금 글 쓰는 일을 하고 있기 때문에, 감사하게도 공책이나 노트북만 있으면 어디서든 일할 수 있습니다. 글을 쓰다 너무 막히면 강이 보이는 카페나 창이 확 트인 장소에 가서 글을 쓰기도 합니다. 하지만 누구나 이렇게 일하는 공간의 자유가 있는 건 아니죠.

그러므로 누구나 실천할 수 있는 방법 하나를 말씀드릴까 합니다. 그것은 바로 건물의 가장 높은 곳에 올라가서 창밖을 보거나, 건물 옥상에 올라가서 심호흡하기, 하늘 보기, 먼 산 보기 등등의 활동입니다. 이조차도 여건이 되지 않는다면 아침에 일어나자마자 창문을 열고 최대한 먼 곳을 1분 동안 바라본 후 하루를 시작하는 것만이라도 해보세요. 여건이 되는 선 안에서 할 수 있는 만큼만 하면 됩니다. 제가 밖으로 뚫린 작은 창조차 없는 진료실 안에서 구글어스를 보며 환기한 것처럼요. 나에게 가장 잘 맞고, 내 여건에 맞는 방법 하나쯤은 찾아보면 있을 거예요. 유튜브에서 항공사진, 드론 영상 등을 검색해서 보는 것도 좋습니다.

이렇게 넓은 시야로 세상을 다시 한 번 바라보고 나서 지금 해야 할 일, 골치 아픈 일, 나를 괴롭히는 일들을 하나하나 풀어나가기로 다짐하는 거죠.

사람이 꽉 찬 지하철 칸 안에서 모두가 동시에 나가려고 한다면 입구가 꽉 막혀 아무도 나갈 수 없겠죠. 이때 질서 있게 차례차례 출입문 쪽에 서 있는 사람부터 한 명씩 움직인다면 아주 평화롭게 모두가 빠져나갈 수 있습니다. 그것처럼 우리 머릿속도 마찬가지라고 생각해보세요. 바로 눈앞에 산더미같이 일이 쌓여 있을수록 우선 뇌에 신선한 바람을 넣어주는 겁니다.

그러고 나서 오늘 내가 할 수 있는 작은 일부터 시작하면 됩니다.

day13 모닝 1분 루틴

1단계 아침에 일어나자마자 창문을 열고 내가 볼 수 있는 가장 먼 곳을 바라본다.

2단계 만약 건물들로 시야가 가려져 있다면 하늘을 1분간 쳐다본다.

3단계 오늘 내가 할 수 있는 작은 일부터 하면서 하루를 시작한다.

향을 피우고
1분간 바라본다

인테리어를 완성하는 것은 향

· · ·

코로나19 팬데믹이 한창이던 몇 년 전 크리스마스 때, 홈 파티를 위해 친한 친구 집에 방문한 적이 있습니다. 친구 집은 정말 잡지에 나오는 집처럼 예쁘게 꾸며져 있었습니다. 친구는 집에서 쉬는 시간을 가장 중요하게 생각해서 항상 집을 꾸미는 데 공을 많이 들인다고 했습니다. 취향에 맞는 소품들로 집을 예쁘게 꾸미고, 늘 깨끗하게 유지하고, 식물을 많이 키우고, 분기별로 가구 배치를 새로 해서 분위기를 바

132 아침 1분 아주 사소한 습관 하나

꾼다고도 했습니다. 식기도 예쁜 것으로 구비하고, 몸에 좋은 음식을 천천히 요리해서 즐길 줄 아는 친구였어요.

인테리어 외에도 친구 집에서 참 인상적이었던 점은, 캔들이 엄청나게 많다는 것이었습니다. 방, 거실, 화장실에 각각 캔들워머(전구로 캔들을 가열해서, 불을 붙이지 않고도 향을 내게 하는 용도의 램프)와 함께 캔들이 있었고, 여분의 캔들이 수십 개가 더 있었습니다. 왜 이렇게 캔들이 많은지 물어봤더니, 친구는 '인테리어를 완성하는 것은 향'이라고 답했습니다. 인테리어 소품은 공간의 일부만 채우지만, 향은 공간 전체를 채우기 때문에 향을 바꾸면 공간 전체의 느낌이 달라진다는 말도 덧붙였습니다. 그래서 그곳에 있는 사람의 기분까지도 바꿀 수 있다는 말이었죠. 참 멋진 말이라는 생각이 들었습니다. 그러면서 친구는 마음에 드는 캔들을 하나 골라 가져가라고 권했습니다.

향기만 바꿨을 뿐인데 일상이 달라진다

• • • •

그렇게 친구가 건넨 캔들 하나에서부터 시작해서 저 역시 여러 브랜드의 캔들을 하나둘씩 사모으면서 일상에 향기라는 도구 하나를 추가하게 되었습니다. 캔들워머도 들이게 되었고, 방마다 다른 향의 캔들을 둬서 공간의 분위기를 바꿔보기도 했습니다. 이렇게 공간에 다른 향을 입힐 때마다, 자신의 공간을 아름답게 가꾸었던 친구의 삶의 태도가 생각났습니다. 자신의 공간을 아름답게 가꾸고 휴식 시간을 소중히 여긴다는 건 그만큼 자기 자신을 소중히 여긴다는 뜻이니까요. 집안에 향기 하나만 바꿔도 전혀 다른 공간이 된다는 것. 이 소중한 진리를 알려준 친구의 존재에 감사합니다.

우리는 환경의 중요성을 잘 알고 있습니다. 모두가 해가 잘 들어오고, 바람이 잘 불고, 넓고 쾌적하고 잘 정돈된 곳에서 천천히 시간을 보내고 싶어 합니다. 하지만 현실적으로 이 모든 조건들을 다 갖추고 살기란 쉽지 않습니다. 그러므로 저비용으로 내가 머물고 있는 공간의 분위기를 바꾸고 싶다면 저처럼 향기를 한번 이용해보세요. 공간에 좋은 향기를 입히는 것은 생각보다 많은 시간이나 큰 비용이 필요하지 않으니까요.

향기는 기억이다

· · ·

저는 일상의 변화를 캔들로 시작했지만, 오래 지나지 않아 인센스 스틱으로 바꾸게 되었습니다. 보통 '향'이라고 부르는, 태워서 연기를 내는 제품입니다. 캔들에 비해 저렴하고, 태우는 형식이라 잡내를 없애는 효과도 더 좋습니다. 또 타는 시간이 캔들에 비해 짧아, 모래시계처럼 활용할 수도 있습니다. 향 하나가 다 타는 동안 명상을 하는 식입니다.

유리병에 들어 있는 캔들은 꽤 비싸기도 하고, 태우는 데도 오래 걸립니다. 그에 비해 향은 저렴하고, 한 묶음을 금방 다 쓰기 때문에 여러 가지 향기를 질리지 않게 바꿔 써보기에 좋습니다. 공간의 향기를 계속해서 유지하기 위해서는 캔들과 캔들워머를 주로 사용하고, 명상할 때나 잡내를 없애고 싶을 때는 인센스 스틱을 사용하면 됩니다.

향기의 또 한 가지 특징은 기억입니다. 어떤 향기의 경우에는 특정한 사람이나 특정한 상황을 떠오르게 하는 효과도 있죠. 일반적으로 우리가 알고 있는 '향 냄새'는 절에 대한 기억을 소환합니다. 인적이 드문 곳에서 느낄 수 있는 고요하고 아늑한 분위기. 간간이 들리는 풍경 소리. 절을 둘러싼 나무들, 나무 위를 오르는 다람쥐, 청명한 하늘, 절 앞 음수대에서 먹었던 물 한 모금.

향 하나 피웠을 뿐인데도 산속의 고요한 절에서 느꼈던 과거의 기억이 되살아날 수 있다는 거죠. 이런 이유 때문에 향을 피우면 명상에 들어가기가 더 좋습니다. 향의 의미 역시 그렇습니다. 불교에서 향은 스스로를 태워 주변에 좋은 향을 전해주고, 초는 스스로를 태워 주변을 밝게 해준다는 희생정신을 의미한다고 합니다. 또 아로마테라피처럼, 좋은 냄새는 마음을 정화하는 효과가 있으니 수행자에게 더 사랑받지 않나 싶습니다. 사실 향에서 피어오르는 연기를 보고 있는 것만으로도 명상의 효과가 있습니다.

에너지가 필요할 때는 스위트오렌지
휴식이 필요할 때는 라벤더

• • •

그런데 향을 태울 때도 주의사항이 있습니다. 태우는 형식이기 때문에, 호흡기에 영향을 줄 수밖에 없습니다. 호흡기 질환이 있다면 의사 선생님과 상담하거나 주의해야 합니다.

호흡기 질환이 없더라도 창문을 열고 사용하거나, 태우고 나서 일정 시간 동안에는 환기하는 것이 좋습니다. 아이나 반려동물을 키우고 있어도 주의가 필요합니다. 특히 반려동물의 호흡기는 더 예민하며, 바닥에 코를 박고 킁킁거리는 강아지의 특성상 재가 날려 바닥에 굴러다니면 코로 흡입해서 문제가 생기기 쉽습니다. 캔들, 향 외에도 아로마테라피 효과를 극대화하기 위해서는 아로마워머와 티라이트 캔들을 함께 쓰는 것도 좋습니다. 좋아하는 향의 아로마 에센셜 오일을 구비해놓고, 캔들로 간접 가열해서 향을 퍼지게 하는 방식입니다. 에센셜 오일을 판매하는 곳에서는 각각의 오일이 어떤 효능이 있는지 잘 알려주고 있으니 고를 때 참고하면 좋습니다. 저는 에너지가 필요할 때는 스위트오렌지, 휴식과 마음의 평화가 필요할 때는 라벤더를 사용합니다. 이 두 향은 굉장히 보편적이라 판매하는 곳도 많고 가격도 매우 저렴한 편입니다. 우울할 때는 로즈 오일도 좋은데, 상대적으로 가격대가 높은 편입니다. 캔들, 향(인센스 스틱)에 입문하는 분들을 위해 제가 좋아하는 향 몇 가지를 추천해드릴게요.

- **나그참파, 슈퍼히트** : '향내' 혹은 '절 냄새' 하면 생각나는 바로 그 향입니다. 절 냄새로 기억되는 향을 맡는 순간 평화로운 산속의 고요한 절이 생각나면서 마음이 편안해집니다. 절 냄새를 좋아하신다면 이 두 향을 추천합니다.

- **배쓰 앤 바디웍스** : 바닐라, 초콜릿과 같은 달달한 향을 좋아한다면 이 브랜드를 가장 추천합니다. 달달한 향을 가장 잘 만들어내는 회사인 듯합니다. 또 배쓰앤 바디웍스는 향이 진한 편이라, 태우거나 캔들워머로 가열하지 않고 뚜껑만 열어놓아도 향이 꽤나 퍼집니다. 호흡기 문제 때문에 향이나 초를 태우는 것이 걱정되시는 분께 추천드립니다.

- **양키캔들의 '프레쉬 컷 로즈'** : 생생한 꽃향기를 좋아하시는 분께 추천드립니다. 저는 장미 에센셜 오일이 비싸서 쓰기 힘들 때, 대용으로 많이 사용합니다.

- **우드심지 캔들** : 심지가 나무 소재로 되어 있는 캔들입니다. 캔들워머로 가열하는 것보다는, 불을 붙여 태우는 것이 우드심지 캔들의 매력을 백 퍼센트 활용하는 방법입니다. 나무로 된 심지

가 타면서 장작 타는 소리처럼 타닥타닥 소리가 나는 것이 특징입니다. 이렇게 타는 소리를 듣고 있으면 마음이 편안해집니다. 일종의 백색 소음인 셈이죠. 단점이 있다면 면 심지처럼 안정적으로 타지 않고, 중간에 꺼져버리는 제품들도 있으니 후기를 잘 보고 구매하시는 것이 좋겠습니다.

오늘은 퇴근 이후 잠들기 한두 시간 전 해볼 수 있는 루틴을 소개합니다.

나에게 맞는 향을 골랐다면 늦은 저녁 잠시 창문을 열고 잠깐 동안 향을 피워보세요. 향기가 이끄는 대로 상상력을 동원해서 새로운 장소에 가 있다고 생각해도 좋습니다. 혹은 오늘 하루를 돌이켜보며 감사했던 일 혹은 가장 행복했던 일 한 가지를 생각하며 명상에 빠져도 좋을 거예요.

day14 1분 루틴

1단계 저녁에 잠들기 전 오늘의 기분에 어울리는 향
하나를 고른다.

2단계 창문을 연 후 향에 불을 붙이고 가만히 향이 타는
것만 1분 동안 바라본다(이때 다른 생각은 하지
않고 향에만 집중한다).

3단계 잠시 눈을 감고 향기가 이끄는 다른 공간에
와 있다고 상상해본다. 혹은 오늘 하루 감사했던 일
한 가지를 생각하며 명상한다.

day 15
샤워기에서 떨어지는 물을
1분간 맞으며 상상한다

하루 동안 고생한 나를 위로하는 의식

• • •

몇 해 전 겨울, 영화 촬영을 하던 날이었습니다. 그날 찍어야 할 분량은 모두 야외에서 해야 했는데 촬영 중반부터는 일기예보에 없었던 눈까지 쏟아지기 시작했습니다. 속옷을 두 겹 세 겹으로 껴입고 촬영팀에서 준비한 핫팩으로 중무장을 해봤지만, 오전부터 해가 지기 직전까지 이어진 야외 촬영에 모두 눈사람처럼 꽁꽁 얼어붙고 말았습니다.

예정된 촬영이 모두 끝나고 다 같이 따뜻한 국밥을 먹어보아도 뼛속까지 시린 느낌은 가시지 않았습니다. 손발엔 이미 감각이 없어 숟가락질조차 버거운 지경이었고 뇌가 멈춰버린 느낌이 들었습니다. 그때 베테랑 촬영 감독님이 이렇게 말씀하시는 거예요.

"이렇게 하루 종일 추위에 시달린 날엔, 퇴근해서 아무리 보일러를 틀고 이불을 덮어도 뼈가 시리다니까. 이럴 땐 욕조에 따뜻한 물을 가득 받아 놓고 입욕을 해야 돼."

이 말을 듣고 저는 집에 도착하기 십 분 전쯤 엄마에게 전화해서 욕조에 따뜻한 물을 받아달라고 부탁했습니다. 그리고 집에 도착하자마자 뜨거운 물에 몸을 담갔습니다. 꽁꽁 얼었던 몸이 따뜻한 물에 녹아내리자 방금 전까지 느꼈던 피로는 증발하고 삶에 대한 만족감과 충만함이 제 몸을 포근히 감싸주는 느낌이 들었습니다.

하루 종일 추위와 스트레스와 피로로 죽을 것 같았는데 이런 작은 일 하나에 싹 풀리다니……. 새삼스럽게 인생의 비밀을 발견한 사람처럼 저는 행복했습니다. 이때의 경험이 얼마나 좋았는지, 이후 겨울에 외출하고 돌아오면 입욕하는 것이 습관이 될 정도였습니다.

입욕할 여건이 되지 않으면 샤워기로 따뜻한 물을 틀어놓고 한동안 서서 물을 맞곤 합니다. 그 이전에는 샤워가 그저 몸을 깨끗하게 하기 위한 실용적인 절차였다면, 그 이후부터는 잠깐이나마 하루 동안 고생한 나를 위로하는 의식적인 절차가 된 거죠.

행복은 크기보다 빈도가 중요

• • •

여러분은 일상 속에서 행복을 느끼는 순간이 언제인가요? 혹은 행복하기 위해서 매일 하는 작은 습관들이 있나요? 우리가 행복하지 않은 이유는 간단합니다. 행복을 너무 거창하고 대단한 거라고 생각하기 때문이에요.

시험에 합격을 해야, 승진을 해야, 응원하는 스포츠 팀이 우승을 해야, 사람들한테 인정받아야, 돈을 많이 벌어야 행복하다고 생각합니다. 멀리 있는 행복을 쟁취하기 위해 부단히 노력하지만, 얻기도 힘들뿐더러 얻고 나서도 그 기쁨이 오래도록 유지되지는 않습니다. 그렇다고 목표가 없어야 한다는 것은 아닙니다. 목표를 추구하는 동시에 지금 내 곁에 있는 작은 행복에도 늘 주의를 기울이자는 말이에요. 행복을 대단하게 생각할수록 그것과는 점점 더 멀어지고, 바로 내 곁에 있는 소소한 행복을 알아챌수록 점점 더 그것과 가까워집니다.

행복은 크기보다 빈도가 중요하니까요. 그래서 행복은 추구하기보다는 발견하는 것일지도 모릅니다.

늘 먹었던 아침밥, 나를 비추는 햇살, 내 말을 진심으로 들어주는 친구, 내가 좋아하는 일들……. 어쩌면 당연하게 생각했을지도 모를 나의 일상 속에서 행복한 한 순간을 예리하게 찾아내는 감각. 이 감각이 발달할수록 나의 행복지수는 점점 높아질 거예요.

어떤 사람은 사각거리는 이불을 덮을 때 행복을 느낀다고 하고 아침에 일어나자마자 반려동물을 껴안았을 때 행복하다는 사람도 있습니다. 소소한 행복의 종류는 세계 인구수만큼이나 다양할 거예요.

저의 경우에는 아침마다 저만의 작은 루틴을 실행하는 걸 좋아합니다. 내가 좋아하는 루틴으로 하루 일정을 시작한다는 것만으로도 금방 행복한 사람이 될 수 있거든요. 이것의 큰 장점은 나의 행복을 내가 조정할 수 있다고 느끼게 된다는 거예요.

조금 일찍 출근해서 동료들과 잠깐 수다를 떨고, 커피를 내리면서 커피 향을 느끼는 짧은 시간, 출근길 지하철 밖으로 한강 풍경을 보는 시간도 나만의 루틴이 된다면 얼마든지 행복한 순간으로 바뀔 수 있습니다. 여러분도 매일 일상 속에서 느낄 수 있는 작은 행복을 찾아보세요. 그것을 발견할 때마다 '행복 루틴'이라고 이름 붙여보기로 해요.

씻는 시간에서 에너지를 주는 시간으로 변신

· · ·

자, 그래서 오늘은 누구나 매일 아침 할 수 있는 작은 행복 루틴 하나를 소개합니다. 바로 샤워입니다. 입욕보다 경제적이고, 마음만 먹으면 오늘부터 당장 실행할 수 있습니다. 샤워할 때 단지 씻는 걸 목적으로 하기보다는, 단 1분만이라도 가만히 물을 맞고 서 있는 것입니다. 다른 생각을 하지 않고 물 맞는 것에만 집중해보세요. 물이 몸에 닿는 감각, 물의 온도, 물이 떨어지는 소리에 미세한 신경을 다 모아보는 겁니다.

물은 위에서 아래로 떨어져서 몸을 헹군 다음 배수구로

흘러내려갑니다. 혹시 머릿속에 해결되지 않은 걱정거리가 있다면, 그 생각이 흘러내리는 물에 녹아서 배수구를 통해 빠져나가고 있다고 상상해보세요. 계속해서 쏟아지는 물 아래에 서 있으면 걱정이 점점 더 옅어지고, 희석되는 건 당연한 일이겠죠.

이렇게 생각하면 '무언가에 쫓기듯이 후다닥 거품을 내고 몸을 대충 씻었던 아침 샤워 시간'은 '걱정을 씻어내고 마음을 정리하며 내 마음에 에너지를 전달하는 시간'으로 마법처럼 변신합니다.

더불어서 찬물로 샤워를 하면 정신이 맑아지고 집중력까지 좋아진다고 합니다. 물론 익숙해지기 전까지는 꽤 고통스럽습니다. 하지만 이 잠깐의 고통이 스트레스 호르몬을 분비해서, 오히려 몸에 활기를 주고 잠에서 깨어 생산적인 일을 할 수 있게 만들어준다고 하니 여러분도 한번 시도해보세요.

찬물 샤워 효과는 30분 이상 달리기를 하면 어느 순간 기분이 좋아지는 '러너스 하이(runners high)'와 비슷한 원리입니다. 자, 그럼 아침 1분 샤워 루틴으로 뇌를 깨워보실까요?

day15 모닝 1분 루틴

1단계 아침에 일어나자마자 샤워기 아래로 가서 1분 동안 가만히 물을 맞고 서 있는다(스트레스가 많고 이완이 필요하다면 온수 샤워를, 활력을 찾고 싶다면 냉수 샤워를 한다).

2단계 샤워를 할 때 오늘 해야 할 일을 생각하지 말고 몸의 감각에만 집중한다.

3단계 내 안의 모든 근심, 걱정이 샤워 물과 함께 배수구로 빠져나간다는 상상을 한다.

4단계 훨씬 더 가벼워진 마음으로 출근을 준비한다.

아침에 일어나
이불을 가지런히 정리한다

왜 어떤 사람들은 도전에 서투를까?

• • •

학교에서 교수로 일할 때, 가장 큰 고민은 '어떻게 하면 학생
들에게 동기부여를 할 수 있을까?'였습니다. 뭐든 적극적으
로 참여하고 새로운 일에 도전하는 학생들이 있는 반면에,
과도하게 겁을 먹고 새로운 일이라면 무조건 피하고 보는
학생들도 있었습니다. 그중 한 학생이 기억에 남습니다. 그
는 성적이 기준 미달이라 F를 받을 위기에 처했는데, 재시험
기회를 주겠다는 저의 제안에 이렇게 답변했습니다.

"재시 쳐도 또 70점 못 받으면 어차피 F 아닌가요? 70점 넘을 자신도 없는데 그냥 F 주세요."

실패할 것 같은 일은 아예 시도조차 하지 않겠다는 자세입니다. 현장 실습을 나갈 때도 이런 학생들을 종종 봤습니다. 그들은 실습을 나갔다가 5년 이상 근무한 선배들을 보고 온 후 기가 죽어서 "저는 동물병원에 취업 안 할래요, 그분들처럼 잘할 자신이 없어요"라고 단정 지었습니다. 이렇게 미리 겁을 먹고 아무것도 하지 않으려고 하는 학생들을 보면 마음이 답답해집니다. 그러다가 저는 이런 의문이 생겼습니다.

'왜 어떤 학생은 가르쳐주지도 않았는데 알아서 도전하고, 또 다른 학생은 아무리 도전하라고 독려해도 방어적이기만 할까?'

물론 이 질문에 단 하나의 정답이 있는 건 아닐 겁니다. 타고난 기질, 어린 시절 양육자와의 관계, 살아오면서 겪었던 경험치 등등 다양한 원인이 있겠죠. 여기서 타고난 기질이나 어린 시절 양육자와의 관계는 지금 이 시점에서 바꿀 수 있는 게 아니라는 건 확실합니다. 그렇다면 지금 할 수 있는 건 '좋은 경험을 만드는 것'밖에는 없지 않을까요?

그래서 저는 가능하면 학생들이 학교를 졸업하기 전에 어떻게든 뭔가에 도전하고, 성취하는 경험을 쌓게 해주고 싶었습니다. 아주 작은 성공이라도 하나씩 하나씩 경험을 쌓다 보면 또 다른 도전에도 더 쉽게 용기를 낼 수 있을 테니까요.

가장 중요한 건 작은 성취와 칭찬

• • •

제가 시도해본 방법 중 가장 효과가 좋았던 것은, 학생에게 달성 가능한 일을 시킨 다음 칭찬하는 것이었습니다. 수업 시간에 내는 과제 형태도 좋지만 이 경우에는 잘 못하는 학생이 잘하는 학생을 보면 열등감을 느낄 수도 있기 때문에 가능하면 해당 학생에게 가장 알맞은 과제를 만들어서 줬습니다(물론 시간과 노력, 해당 학생에 대한 깊이 있는 관찰 등 에너지가 많이 드는 일이기 때문에 저의 체력이 허락하는 한도 안에서만 가능했습니다).

예를 들어 새로운 사람을 만나서 대화하는 것을 어려워하는 학생에게는 행정실에 가서 서류를 찾아오라고 시켰습니다. 이런 과제는 아주 간단해 보이지만, 극도로 내성적이고 사회성이 약한 학생에게는 꽤 어려운 일일 수도 있습니다. 하지만 한 번 해내면 두 번째는 훨씬 쉬워집니다. 처음 해냈을 때 칭찬을 아끼지 않는 것도 중요합니다. "거봐, 잘할 수 있잖아" 하면서 격려도 해줬습니다.

이렇게 하다 보면 성취의 경험은 점점 쌓여서 복리처럼 불어납니다. 처음에는 아주 작은 일에도 도전하기 힘들고, 실패하면 세상이 무너질 것 같은 두려움이 들기도 하지만, 막상 성공을 맛보고 나면 '별거 아니네' 하는 생각이 듭니다.

아이러니하지만 이런 감정은 실패했을 때도 비슷합니다. 실패했을 때 느끼는 좌절감이나 상처 역시 미리 상상했던 것보다 훨씬 약하고 견딜 만한 경우가 많으니까요. 또 그 당시에는 죽을 것처럼 힘들어도 몇 달만 지나면 과거는 미화되는 경우가 많습니다. 모든 인생사가 가까이에서 보면 비극이지만 멀리서 보면 희극이라는 찰리 채플린의 명언처럼 말이죠.

물론 이것저것 도전하다 보면 도저히 극복하기 힘든 큰 상처를 받기도 합니다. 하지만 그것은 또 그것대로 소중한 경험으로 남아 앞으로 살아갈 인생에 큰 도움이 된다는 것도 잊지 말아야 합니다. '아~ 이렇게 하면 잘 안 되는구나',

'이번에는 이렇게 됐으니, 다음번에는 좀 다른 방법을 써봐야겠다', '더 힘들 때도 이겨냈는데 이것쯤이야 아무것도 아니지'라며 세상에 대한 맷집이 생긴다고나 할까요.

하지만 아무런 도전도 해보지 않은 사람은 어떨까요? 실패해본 적도 성공해본 적도 없는 사람은 머릿속으로 막연한 두려움만 계속 불어날 뿐입니다.

내 몸에 실패할 기회를 주자

． ． ．

경험을 쌓는 것 중에 가장 중요한 인생사 중 하나가 바로 연애일 겁니다. 여러분은 고통스러운 이별을 겪어보셨나요? 아마 누구나 한 번쯤은 겪어본 사건이겠죠.

너무 아픈 이별을 겪고 나면 다음 만남을 꺼리게 되기도 합니다. 상처받을까 봐 두렵기 때문에 마음을 숨기는 거죠. 이런 사람들은 '본의 아니게' 밀당의 주인공이 되는 경우가 많습니다. 이것은 연애의 고수가 하는 밀당이 아닌 두려움을 기반으로 한 밀당입니다.

상대가 혹시 나를 배신해도 '흥, 나도 사실은 널 그렇게 많이 좋아한 건 아니야' 하면서 돌아설 수 있기 때문이죠. 이것은 자신도 모르게 만들어놓은 마음의 안전장치입니다. 자존심을 덜 다치게 하는 가장 쉬운 방법 중 하나죠. 하지만 상처받을 것을 각오한 채 마음을 활짝 열고 모든 것을 내맡겨본 사람만이 아는 것이 있습니다. 그것은 바로 완전한 신뢰에서 오는 행복감과 자유입니다(물론 완전히 신뢰할 만한 좋은 사람을 고르는 신중한 과정이 있어야겠지만요).

어떻게든 상처받지 않으려고 하는 데 에너지를 모으는 사람, 무한한 신뢰를 보내는 데 에너지를 모으면서 그 순간을 즐기는 사람. 당신은 어느 쪽에 더 가까운가요? 만약 전자에 더 가까운 사람이라는 생각이 든다면 오늘 내가 성취할 수 있는 작은 일부터 도전해보라고 권하고 싶습니다.

실패해도 타격이 별로 없는 작은 일부터 시작해보는 거예요. 저는 항상 운동을 추천합니다. 매일 운동하는 것에 성공하는 사람은 어떤 일에든 가볍게 도전할 줄 아는 사람으로 변신합니다. 도전하는 기회가 많다 보면 성취의 기회는 당연히 늘어납니다. 처음부터 거창한 운동을 목표로 할 필요는 없습니다. 하루에 30분 걷기, 매일 아침 스트레칭하기, 매일 아침 일어나자마자 이불 개기 같은 아주 소소한 루틴부터 시작해보세요.

이런 작은 루틴조차 실패하면 어떻게 하냐고요? 이렇게 묻는 분이 있다면 저는 이렇게 말씀드리고 싶습니다. 당신에게는 두 가지 선택지가 있다고 말입니다. 하나는 그 작은 루틴조차 시도하지 않아서 실패할 기회조차 박탈당하는 것. 그리고 또 다른 하나는 내가 할 수 있는 범위에서 뭐든 시도하면서 성공과 실패를 맛보는 것. 당신은 이미 이 선택지에서 더 나은 결정을 한 사람이라고 말이에요. 처음에는 아주 사소한 루틴으로 시작할지 모르지만 계속 뭔가를 시도하다 보면 내가 진짜 뭘 원하는지, 나에게 뭐가 더 맞는지, 혹은 내가 뭘 잘하는지 알게 되는 신기한 경험을 하게 될 거예요.

내 몸에 그리고 내 마음에 실패할 기회 그리고 성공할 기회를 주세요. 실패한 나를 발견하면 서투른 내 모습을 귀여워해주면 됩니다. 실패해도 그다음 날 또 도전한다면 그런 나를 대견하다고 칭찬해주면 됩니다. 그럼 오늘은 '이불 개기'부터 시작해보실까요?

day16 모닝 1분 루틴

1단계 아침에 일어나자마자 덮고 있던 이불을 가지런히
정리한다.
2단계 내가 누워 있던 곳을 청소기로 돌리면서 어제의
고민들이 전부 청소기로 빨려 들어간다고
상상해본다.
3단계 훨씬 가벼운 마음으로 오늘 하루 일정을 시작한다.

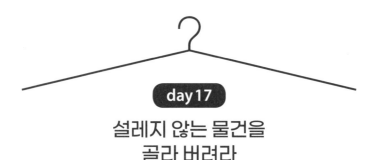

설레지 않는 물건을
골라 버려라

어떻게 해야 할지 모를 때는

딱 한 가지에만 집중하기

• • •

몇 년 전 저는 인생 첫 책『아침이 달라지는 저녁 루틴의 힘』을 썼습니다. 꿈이었던 책 출간의 순간, 가슴은 두근거렸지만 두려움도 컸습니다. 좋은 글을 쓰고 싶다는 마음보다는 악평을 받을까 봐 두려웠던 마음이 컸던 것 같습니다. 글을 쓰는 순간마다 '내가 사람들을 도와줄 만한 깜냥이 될까?' 하는 생각이 발목을 잡기도 했습니다. 자기계발서라는 틀은 저를 더 완벽주의로 내몰았습니다. 독자에게 본보기가 될 만한 사람인가 저 스스로 검열을 반복했습니다. 완벽주의는 모든 걸 담고 싶은 욕심으로 이어집니다. 사람들에게 실질적으로 도움되는 실천 방법을 쓰고 싶기도 했고, 동시에 다른 작가들이 알려줄 수 없는 획기적인 팁을 담고 싶기도 했습니다. 문장도 수려하게 쓰고 싶었고, 최대한 많은 정보와 객관적인 통계 자료도 담고 싶었습니다. 욕심이 많으니 글의 방향이 좀처럼 잡히지 않았고, 쓰고 나서 나중에 읽어보면 글에 욕심이 가득 차 있다는 걸 느끼기도 했습니다. 혼란 속에 헤매다가 한 달 이상 펜을 놓기도 했습니다. 그러다 결심했습니다. 첫 책이니, 딱 한 가지 목표만 달성하자. 뭘 목표로 할까 생각하다가 책을 좋아하시는 엄마가 생각났습니다. 엄마는 같은 이야기를 어렵게 돌려 하거나, 문장이 깔끔하지 않아서 술술 읽히지 않는 책이 싫다고 하셨습니다. 그래서 저는 '내가 아는 것을 최대한 담백하고, 쉽게 쓰는 것'을 목표로 삼고 다시 시작했습니다.

최대한 욕심을 덜어내고, 그냥 내가 가장 잘 알고 있는 것, 가장 자신 있는 것을 쉬운 문장으로 쓰는 것에만 집중했습니다. 그렇게 어찌어찌 원고를 마무리하고 책을 출간하는 날이 왔습니다. 책을 출간하는 날은 설레기도 했지만 동시에 두렵기도 했습니다. 겁이 나면서도 사람들의 반응이 궁금해서 블로그나 서점 사이트를 찾아봤는데, 걱정과는 달리 호평이 많았습니다. 특히 쉽게 잘 읽히고, 친근하게 와닿아서 좋았다는 평이 많았습니다. '쉽게 쓰기' 하나에만 집중한 것이 효과가 있었던 것입니다.

지금 나에게 1순위는 무엇일까?

. . .

이렇게 생각이 많을수록 욕심을 덜어내고 딱 한 가지 목표에만 집중해야 한다는 것을 알면서도 막상 또 일이 닥치면 모든 것을 다 잡으려고 하는 저 자신을 발견합니다. 동물병원 일도 마찬가지입니다. 제가 해야 할 일은 동물 치료인데, 생각할 것이 많습니다. 고용주인 원장님도 만족시켜야 하고, 다른 직원들 눈치도 봐야 하고, 보호자분의 사정도 헤아려야 합니다. 그러다 보면 지금 해야 할 치료의 방향도 흔들릴 때가 많습니다.

　이럴 때 저는 다시 마음을 다잡습니다. 제일 먼저 '환자만 생각하자'라고 말이에요. 이렇게 1순위를 확고하게 정해야 흔들리지 않고 앞으로 나아갈 수 있습니다. 교수로 일할 때도 마찬가지였습니다. 교수 업무는 크게 연구, 행정, 교육으로 나뉘는데, 생각보다 해야 하는 업무의 범위가 넓고, 자잘하게 쪼개진 일들이 방대하게 펼쳐져 있습니다. 만나야 하는 사람도 많고, 눈치 봐야 할 사람도 많았습니다. 예를 들어 학생들의 비교과 프로그램을 기획할 때, 주어진 예산도 고려해야 하고, 내가 현실적으로 감당할 수 있는 업무량인지도 고려해야 합니다. 학생들이 좋아하고 흥미를 느낄 만한 프로그램인지는 말할 것도 없습니다.

또 요즘에는 학생들의 취업에 도움이 되는지, 적합한 강사를 섭외할 수 있는지, 주어진 회차 내에 충분히 소화할 수 있는 내용인지 등등이 훨씬 더 중요해지기도 했습니다. 하지만 이 모든 기준을 다 만족하는 완벽한 프로그램을 만들기란 불가능합니다. 이렇게 머리가 복잡할 때는 '지금 이 일에 가장 중요한 1순위는 뭐지?'라고 자문해봐야 합니다.

저는 학교에서 일할 때, '학생들이 졸업하고 사회에 나갔을 때, 배운 것을 바탕으로 전문 역량을 발휘할 수 있는가?'를 1순위로 삼았습니다. 문장이 좀 거창하지만 쉬운 말로 하면 학생들이 졸업 후 취업한 직장의 상사에게 "학교에서 참 잘 배워서 왔군요"라는 말을 들을 수 있게 하자는 것이었습니다. 이렇게 원칙이 명확하면 어떤 변수나 사건이 생겨도 흔들리지 않고 옳은 방향으로 갈 수 있습니다.

이 원칙이 있다 보니 제가 잘 모르는 분야거나 제가 좀 무리해야 하는 일정일지라도 만약 학생들에게 도움이 되겠다 싶으면 일단 추진했습니다. 이렇게 뭔가를 결정할 때도 1순위가 확실하면 나머지는 자연스럽게 풀립니다. 저에게 이런 원칙이 없었다면 잘 아는 것만 도돌이표처럼 반복해서 가르치는 우를 범했을지도 모릅니다.

한 달에 한 번 설레지 않는 물건은 버려라

• • •

저는 감각적 자극에 예민한 편입니다. 조용하고 텅 빈 공간에 있는 것을 좋아합니다. 미각도 밍밍하고 심심한 걸 좋아합니다. 좋은 향이 나는 공간을 좋아하지만, 아무리 좋아하는 향이라도 과하면 금방 피곤해집니다. 눈앞에 물건이 많이 늘어져 있으면 꼭 소음이 가득한 공간에 있는 것 같은 느낌이 듭니다.

바쁜 일상 속에서 우리는 늘 휴식이 부족하다고 느낍니다. 휴식 시간을 따로 내는 것도 쉽지 않습니다. 그러므로 이럴 때는 일상 속에서 나도 모르게 계속 소비하고 있는 에너지를 조금이라도 줄여야 합니다. 쓰지 않는 컴퓨터의 전원을 끄지 않고 방치해둔 것처럼, 나도 모르는 사이에 에너지가 계속 새고 있다는 걸 아시나요? 그 이유는 생활 속에서 나에게 주어지는 자극이 많기 때문입니다.

이를테면 집이 지저분할 때는 곰팡이, 바퀴벌레가 생겨도 잘 인식하지 못할 수 있죠. 그 반면에 집이 잘 정돈돼 있는 경우에는 조그마한 문제만 생겨도 바로 눈에 띕니다.

마음도 마찬가지입니다. 마음이 복잡하고 머릿속이 시끄러우면 정작 중요한 일을 깜박하거나 마음에 구멍이 난 것을 눈치채지 못합니다. 마음을 복잡하게 만드는 것들 중에는 물건도 있습니다. 물건이 많으면 정신적인 소모가 큽니다. 많은 물건들을 정리하고 유지하기 위해서는 그만큼 에너지가 들기 때문입니다. 정돈되지 않은 공간에 있는 것도 마찬가지입니다. 단지 어지러운 방 안에 가만히 있는 것만으로도 에너지가 줄줄 샙니다. 불필요한 시각 정보가 들어

오기 때문에 집중력에도 방해받습니다. 또 제때 필요한 물건을 찾는 것조차 힘듭니다. 선택권이 지나치게 많을 때 피로해지는 것도 같은 맥락입니다.

저는 특히 가방과 신발이 비슷한 나이대의 여자들과 비교하면 압도적으로 적습니다. 가방과 신발 모두 용도별로 딱 하나씩만 갖고 있습니다. 출근용 백팩, 외출용 가방, 여행용 가방도 딱 하나씩만 갖고 있습니다. 신발도 마찬가지입니다. 운동화, 구두, 샌들, 부츠도 딱 한 켤레씩만 갖고 있습니다. 운동화는 낡아서 더 이상 신기 힘들면 버리고 새 걸 삽니다. 그러다 보니 가방과 신발 모두 어느 옷에나 코디하기 쉬운 무난한 디자인으로 고릅니다. 가방이 많으면 물건을 이 가방에서 저 가방으로 옮길 때 에너지가 많이 듭니다. 중요한 물건을 깜박하고 옮겨놓지 않아서 난감해지기도 합니다.

이 책의 취지는 '아침을 1분 루틴으로 시작하면 하루 그리고 인생이 달라진다'는 거죠. 그런데 일상 속 루틴을 만들고 지키는 가장 좋은 방법은, 내가 하는 일의 가짓수를 최소한으로 줄이고 정말 중요한 일, 설레는 일만 남기는 것입니다. 이것은 물건, 사람, 그리고 해야 할 일 등등 모든 것에서 마찬가지입니다.

한 달에 한 번쯤은 나에게 정말 필요 없는 물건, 설레지 않은 물건을 골라서 버려보세요. 우리에게 시간과 자원은 절대적으로 부족합니다. 중요한 일을 하기 이전에 중요하지 않은 일을 골라서 버리는 작업을 한다면 나에게 진짜 중요한 일이 뭔지 점점 더 분명해질 거예요. 또 이렇게 버리다 보면 새로운 물건을 살 때도 조금 더 신중해집니다. 대개의 경우 우리에게 부족한 건 물건과 서비스가 아니라 잠과 운동량이니까요.

day17 모닝 1분 루틴

1단계 한 달에 한 번, 나에게 설레지 않는 물건을 버리겠다고 마음먹는다.

2단계 전날 저녁 버릴 물건을 정하고 현관 앞에 둔다.

3단계 아침에 출근하면서 그 물건을 버리고 하루를 시작한다(혹은 나보다 더 필요한 사람이 있다면 그에게 기부한다).

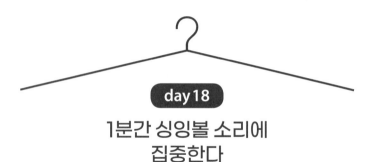

1분간 싱잉볼 소리에
집중한다

모두가 자신을 무시한다는 착각에 빠진 사람

· · ·

마음이 편안해지는 방법, 조금 더 행복해지기 위한 방법에 대한 글을 쓰고 있지만, 오늘은 여러분이 들으면 화날 수도 있는 이야기를 해볼까 합니다. 학부 시절, 동물병원에서 실습할 때의 일입니다. 개에게 자주 발생하는 위 확장 – 염전이라는 질환이 있습니다. 주로 20kg 이상의 중대형견들에게서 많이 발생하는데, 말 그대로 위가 한 바퀴 꼬여서, 십이지장으로 넘어가는 통로가 막히고 점점 부풀어오르는 증상이 특징입니다.

어느 날 동물병원에 이 증상으로 내원한 진돗개가 있었습니다. 호흡조차 힘들어하는 긴박한 상황에서 응급 수술이 필요한 상황이었지만 보호자와 연락이 닿지 않아 일단 응급 처치를 하기로 했습니다. 입으로 튜브를 넣어, 위에 가득 찬 가스를 빼주는 처치였습니다. 그런데 한 선생님이 입으로 튜브를 밀어넣는 순간, 진돗개는 온 힘을 다해 그 선생님의 손을 물었습니다. 상황이 미처 파악되기도 전에, 손을 물린 선생님은 반사적으로 강아지에게 발길질을 했습니다. 순식간에 벌어진 일이었습니다. 동물의 생각을 다 알 수는 없지만 그 상황에서 진돗개가 사람을 문 이유는 명확합니다. 말 그대로 위장이 꼬여 숨 쉬기조차 힘든 고통스러운 상황에서, 저 사람이 나를 죽이려 한다고 생각했기 때문입니다. 그래서 호흡이 힘든 와중에도 죽을힘을 다해 저항한 것입니다. 다른 선생님이 황급히 말려서 사건은 일단락되었지만, 그 이후로도 개에 물린 그 선생님은 분을 삭이지 못하고 한동안 씩씩댔습니다. "감히 개가 사람을 물어?", "사람을 우습게 알아", "저런 개는 확실히 교육시켜서 다시는 대들지 못하게 해야 돼" 같은 말만 계속 중얼거렸습니다. 그분은 개한테 물린 상황을 굉장히 자존심 상하는 일로 받아들이고 있었습니다. 보통의 경우에는 물리는 순간 화가 나더라도, 곧 상황을 파악하고 어쩔 수 없이 일어난 사고로 받아들입니다. 운전 중에 뒤에서 오는 차가 연쇄적으로 몰려서 접촉 사고가 났을 때처럼 말이에요. 이런 사람은 별거 아닌 일에도 자신을 무시한다고 착각하기 쉽습니다. 실제로 이 선생님은 평소에도 후배나 동료들에게 "나를 우습게 아느냐"라며 화내는 경우가 많았습니다. 개도 자신을 무시하고, 후배도 선배도, 길을 지나다가 만난 사람도 자신을 무시한다고 혼자 생각하는 거죠. 이럴 때 가장 고통스러운 사람은 누구일까요? 바로 '모두가 자신을 무시한다'고 착각하고 있는 본인입니다.

두 번째 화살을 나에게 쏘고 있지는 않나요?

· · ·

저는 4년 전에 명상 선생님을 처음 만났습니다. 이분의 말씀 중 가장 기억에 남는 문장은 '바르게 보지 못하기 때문에 고통스럽다. 바르게 보는 것이 바로 행복이다'였습니다.

무슨 일이 일어나든 왜곡하지 않고 있는 그대로만 바라보면 고통스러울 일이 없다는 거죠.

하지만 세상을 왜곡하지 않고 바라보는 것은 말처럼 쉽지 않습니다. 바르게 보지 못하는 습관을 교정하는 방법은 여러 가지가 있는데, 제가 시도해본 것은 크게 두 가지입니다. 첫째는 인지행동치료, 둘째는 명상입니다.

첫째, 인지행동치료는 현대의 심리치료법으로 가장 대중화된 방식입니다. 간단히 말해 왜곡된 사고 회로를 교정하는 치료법을 말합니다.

'개가 나를 물었다'는 것은 사실입니다. 손에서 피가 나고, 상처가 나고, 통증을 느끼는 것도 사실입니다. 사실은 딱 여기까지입니다. 그런데 진돗개에게 물린 선생님의 경우에는 '저 개가 나를 무시한다'라고 해석합니다. 실제로 상대방이 자신을 무시하는 게 아닌데도 무시한다고 받아들이는 인지 습관이 있기 때문입니다. 또 같은 사건에 '나는 왜 이렇게 재수가 없을까?'라고 신세 한탄을 하거나 '그러게 내가 하기 싫다고 했는데 원장님이 나한테 시켜서 이렇게 된 거야. 원장님은 위험한 일은 꼭 나한테 시키더라'라고 생각하는 사람도 있겠죠. 불교에서는 이를 '두 번째 화살'이라고 표현합니다. 나에게 불가피하게 일어난 사건이 첫 번째 화살이라면 여기에 어떤 불필요한 견해를 붙여 스스로를 고통에 빠트리는 것이 바로 두 번째 화살입니다. 자기 자신이 맞기로 자원한 거라고 할 수 있죠.

첫 번째 화살은 피할 수 없어도, 두 번째 화살은 우리가 인지행동치료를 통해 또 수행을 통해 충분히 피할 수 있습니다. 상담을 통해 자신이 왜 그런 인지 습관을 갖게 되었는지 인식하게 되면 그 이후부터는 '저 개가 나를 무시하네'가 아니라 '내가 또 무시당했다고 느끼고 있구나. 이건 나의 잘못된 생각 습관이야'라고 알아차릴 수 있습니다. 그렇게 되면 점차 화낼 일이 줄어듭니다. 상담자는 내담자가 왜 그런 인지 습관을 갖게 되었는지 분석하고 스스로 두 번째 화살을 맞고 있다는 것을 깨달을 수 있도록 이끌어줍니다. 무슨 일이 일어나든 두 번째, 세 번째 화살을 쏘지 않고 사건을 그저 있는 그대로만 받아들일 수 있게 되면 인지행동치료의 효과가 나타난 거라 볼 수 있습니다. 벌어진 일에 대해 확대해석하는 일이 줄어들수록 삶은 더 가볍고 명료해집니다. 인지행동치료는 시간을 내어 센터에 방문해야 하고, 회기당 비용이 높다는 단점이 있습니다.

생각이 아닌 감각에 집중하라

· · ·

둘째, 명상은 시끄러운 머릿속을 잠잠하게 하는 훈련법입니다. 명상을 통해 여러 가지 생각을 잠재우면, 내 마음의 습관도 쉽게 알아차릴 수 있기 때문에 이 역시 두 번째 화살을 예방할 수 있는 방법입니다.

도서관에서 공부할 때를 생각해볼까요? 주변이 시끄러우면 우리는 공부에 집중할 수가 없습니다. 이와 마찬가지로 우리가 자신의 마음속을 집중해서 들여다보려면 온갖 생각들, 특히 사실이 아닌데 왜곡된 인지 습관에 의해 확대해석한 생각들을 잠재워야 합니다. 조용한 장소에서 그냥 떠오르는 생각들을 가만히 한번 들여다보세요. 몇 분만 지나도 내가 얼마나 쓸데없는 것에 마음을 많이 쓰고 있는지, 얼마나 잡다한 생각으로 스스로를 괴롭히고 있는지 새삼 느끼게됩니다. 이렇게 온갖 생각들로 시끄러워진 마음을 조용히 가라앉히기 위해서는 한 가지에 집중하는 연습을 하는 것이 좋습니다.

그런데 중요한 건 이때 집중하는 대상이 '생각'이 아니라 '감각'이어야 한다는 거예요.

즉 시각, 청각, 촉각과 같은 몸의 감각을 말하는 것입니다. 오늘은 이 중에서 청각을 이용한 명상 루틴을 함께 해볼까 합니다.청각을 이용한 명상 중 가장 유명한 것은 종소리를 이용하는 명상법입니다. 유튜브에 '싱잉볼'을 검색하면, 놋그릇처럼 생긴 그릇을 '뎅~~ 뎅~' 하고 울리는 영상이 수없이 많이 나옵니다. 우선 그중 아무거나 마음에 드는 영상 하나를 재생해보세요. 어떤가요? 이런 소리는 생각을 비워내고 감각에 집중하기에 아주 좋은 자극제가 되어줍니다. 소리 자체에 아무런 의미가 없기 때문에 잡다한 생각에 빠지지 않고 그저 그 소리 자체에 집중하게 되는 힘이 있습니다.

이와 다르게 멜로디가 있는 음악이나, 가사가 있는 노래는 선율의 아름다움이나 가사의 내용에 마음이 쏠리기 때문에 다른 생각으로 이어집니다. 그러다 보면 자신의 생각이나 의견이 떠오르기 때문에 명상의 목적에서 벗어나게 되죠.

하지만 종소리는 의미가 없는 중립적인 소리입니다. 둘째로, '뎅~~ 뎅~~' 하고 반복적으로 울리기 때문에 어느 한 순간 집중력이 흐트러졌더라도 다시 울리는 종소리에 환기되어 다시 명상으로 돌아올 수 있습니다. 그 자체로 마치 알람음 같은 역할을 하는 것입니다. 그래서 명상 초심자에게 종소리 명상을 많이 추천드립니다. 명상이 좋다는 이야기는 많이 들어봤지만, 왠지 어렵게 느껴져서 시도할 엄두가 나지 않았거나, 집중력이 약해서 긴 시간 명상할 자신이 없었다면 오늘은 종소리를 이용한 명상으로 하루를 시작해보는 건 어떨까요?

처음부터 긴 시간 불편한 자세로 앉아서 명상에 들어갈 필요는 없습니다. 아침에 눈뜨자마자 그냥 그 자리에 앉아, 머리맡에 늘 있는 스마트폰을 들어 싱잉볼 영상을 검색해서 틀어놓기만 하면 됩니다.

day18 모닝 1분 루틴

1단계 전날 나에게 맞는 싱잉볼 영상을 하나 찜해놓는다.

2단계 아침에 일어나자마자 그 자리에 앉아 어제 찜해놓은
싱잉볼 영상을 재생한다.

3단계 1분 동안 싱잉볼 소리에만 모든 정신을 집중한다.
종소리가 '뎅~' 하고 울리는 순간의 투박하고
무거운 느낌, 소리가 공명하다가 점점 사라지는
순간의 느낌 등 감각에 집중해본다.

4단계 훨씬 더 가벼워진 마음으로 하루를 시작한다.

※ 처음에는 1분 정도 명상으로 가볍게 시작하고, 점점 집중하는
시간을 늘려본다. 여러 번 시도해서 만약 종소리가 명상에
들어가기에 좋다면 싱잉볼을 구매해보는 것도 좋다.
녹음된 소리와 달리, 소리의 진동이 몸에 직접 전달되기 때문에
더 다양한 감각으로 종소리를 느낄 수 있다.

열심히 살아서 뭐 할 건데?

· · ·

요즘 2030세대 사이에서 '갓생'이라는 말이 유행처럼 돌고 있습니다. god+인생의 합성어인데요, '갓'은 '좋다', '멋지다'를 뜻하는 접두어처럼 쓰입니다. 의역하자면 열심히 사는 삶, 최선을 다하는 삶이라는 뜻입니다. 아침 일찍 일어나서 독서나 공부를 하고, 경제적 자유를 위해 재테크 공부도 정말 열심히 합니다. '무지출 챌린지'를 하기 위해 허리띠를 잔뜩 졸라매고 극단적으로 돈을 모읍니다. 1분 1초도 낭비하지 않고 달립니다. 잘 살기 위해서, 돈을 많이 모으기 위해서입니다. 돈을 벌고 모으기 위한 계획은 아주 구체적입니다. 투자 포트폴리오를 줄줄 읊고, 현재 가장 금리가 좋은 예금 상품도 1금융권부터 저축은행까지 꿰고 있습니다. 투자 유튜브 채널을 보고, 책을 읽으면서 공부도 합니다. 그런데 이렇게 돈을 모으고 불리는 목적을 잘 알고 있는 사람은 몇이나 될까요? 막상 "열심히 살아서 뭐 할 건데?", "돈 벌어서 나중에 뭐 할 건데?"라고 물어보면 답을 흐리는 경우가 많습니다.

빨리 은퇴해서 사랑하는 사람과 더 많은 시간을 보내고, 함께 여행도 다니고, 직장 스트레스 없이 여유롭게 살고 싶다고 답하는 사람이 가장 많습니다. 그런데 중요한 건 정작 지금 시간이 나도 잘 하지 않는다는 사실입니다.

생산성이 좀 떨어지면 어때요?

· · · ·

저는 이 책을 통해 '나중이 아니라 지금 이 순간' 행복해지는 방법에 대해 이야기하고 있습니다. 왜 그렇게 행복에 대해 고민하게 되었냐고요? 물론 저 역시 불행하다고 느꼈기 때문입니다. 만약 삶이 만족스러웠다면 이런 고민은 하지 않았겠죠. 하지만 저의 하루하루는 고통스러웠기 때문에, 행복해지기 위해 안간힘을 쓰며 살았습니다. 모두가 그렇듯이 저 역시 성취에서 행복을 찾으려고 했습니다. 뭔가를 이뤄야 했기 때문에 해야 할 일들이 점점 쌓여갔고 그와 더불어 중요한 것들도 늘어갔습니다. 시간을 분 단위로 쪼개 써야 했고, 만족할 만한 결과를 내지 못한 날에는 자책하기도 했습니다. 컨디션이 나쁘면 생산성이 떨어지기 때문에 온갖 영양제를 챙겨 먹었고, 그럼에도 몸 상태가 회복되지 않으면 심하게 낙담했습니다. 도저히 몸과 마음이 받쳐주지 않아서 그날 해야 할 일을 다 못하면 너무나 화가 났습니다. 그렇게 1분 1초의 여유도 없이 빡빡한 일정으로 살다가 번아웃이 찾아와 정신과를 찾았을 때도 의사 선생님께 이렇게 읍소했습니다.

"선생님, 지금 제 상태가 너무 무기력해서 해야 할 일을 다 못하니까 너무 화가 나요. 생산성이 너무 떨어지는데 이것 좀 어떻게 해주세요."

이런 제 말에 선생님은 너무나 편안한 목소리로 이렇게

말하더군요.

"생산성이 좀 떨어지면 어때요?"

지금 이 순간 행복해지는 방법

. . .

그렇다면 생산성 같은 건 신경 쓰지 않고 '나중이 아니라 지금 이 순간' 행복해지는 방법은 뭘까요? 제가 터득한 것 중 하나는 중요하다고 생각했던 일을 버리는 것입니다. 하지 않으면 안 되는 일, 계획대로 하지 않으면 큰일 난다고 생각했던 것들. 이런 것들을 하나씩, 둘씩 버려도 내 인생이 망가지지 않는다는 걸, 오히려 이상하게 점점 일상이 여유로워진다는 걸 알게 되었기 때문입니다.

중요하다고 생각하는 일이 점점 늘어나는 이유는 분명합니다. 뭔가 부족한 상태를 견디지 못하기 때문입니다. 특히 남들이 다 갖고 있는 걸 내가 갖지 못했을 때, 우리는 최선을 다해 가지려고 노력합니다. 적어도 남들만큼은 해야 하니까요.

이것이 바로 성장 중독, 성취 중독된 우리의 모습입니다.

한순간도 가만히 있지 못하고 모든 시간을 생산성으로 채우고 있다면 이미 중독된 상태라 볼 수 있습니다. 만약 이런 상태라면 우선 내가 결핍감을 느끼고 있다는 걸 인지부터 해야 합니다. 뭔가가 부족하다고 느낄 때, 그 자체에 집중하는 게 아니라 그것이 부족하다고 느끼는 나 자신에게 집중해보는 거죠. 예를 들어볼게요.

입을 옷이 없어. 신을 신발이 없어.
　　→ 나는 물건이 부족하다고 느끼는 사람이구나.
시간이 너무 없어.
　　→ 나는 더 많은 일을 해야 한다고 느끼고 있구나.
돈이 없어.
　　→ 나는 돈이 항상 부족하다고 느끼는구나.
내 외모가 맘에 안 들어.
　　→ 나는 외모가 부족하다고 느끼는구나.
사람들이 왜 나한테 관심이 없지?
　　→ 나는 관심을 바라는 사람이구나.
남들은 나보다 훨씬 더 잘사는 것 같아.
　　→ 나는 남들과 나를 비교하고 있구나.

이렇게 뭔가 결핍을 느낄 때마다 '아~ 나는 이게 부족하다고 느끼는 사람이구나' 하고 인식할 수 있다면 성공입니다. 인식했다는 것은 자기 객관화가 가능하다는 뜻이고 자기를 바꿀 수 있다는 뜻이니까요. 이렇게 인식을 했다면 그 생각을 살포시 내려놓으면 됩니다. 단 여기에서 내려놓는 것과 억압하는 것을 구별해야 합니다.

예를 들어 어떤 물건을 사고 싶을 때, '나에게 물건에 대한 결핍감이 있었네. 이렇게 결핍감에 눌리면 안 돼! 저 물건은 사면 절대 안 돼!'라고 생각하는 것은 내려놓는 것이 아니라 억압하는 게 됩니다. 만약 억압하는 마음이 된다면 일단 인식하는 시간을 길게 가지세요.

'아~ 나는 물건이 부족하다고 느끼는 사람이구나. 나는 더 많이 갖는 것을 중요하게 생각하는구나. 공허한 마음을 물건으로 채우려고 하는구나.'

이렇게 생각하면서 그 생각을 조용히 흘려보내는 겁니다. 흘려보낸다는 것은, 꽉 쥐고 있던 손에 점점 힘을 빼서 풀어준다는 뜻입니다. 억압하는 것과는 전혀 다른 의미죠. 무거운 짐을 손에 쥐고 있다가 땅에 내려놓으면 어떤가요? 아주 편안해지겠죠. 바로 그 느낌을 말하는 것입니다. 이 느낌을 스스로 터득하게 되면 물건이 부족해서 버티는 일이 사라집니다. 있으면 있는 대로, 부족하면 부족한 대로, 그 상태를 받아들이면서 크게 개의치 않게 되는 거죠.

저는 물을 좋아해서, 여름날 산속 깊은 계곡물을 상상합니다. 콸콸 흘러가는 시원한 계곡물에 제가 중요하다고 생각했던 일을 살짝 내려놓는 거예요. 그러면 내가 버린 것이 그 계곡물에 휩쓸려 멀리멀리 흘러 내려갑니다.

이런 상상을 짧게 하는 것만으로도 훨씬 더 가벼운 마음으로 하루를 시작할 수 있습니다.

day19 모닝 1분 루틴

1단계 성취를 위해 중요하다고 생각했던 일 중 하나를
떠올립니다.

2단계 그게 뭐든 "사실은 내가 생각하는 것보다 훨씬 덜
중요하다"라고 입 밖으로 소리 내어 말해봅니다.

3단계 그 일을 꺼내서 내려놓습니다. 방법은 간단합니다.
머릿속으로 흐르는 계곡물을 상상하면서 그 물살에
내가 손에 꼭 쥐고 있던 중요한 일을 흘려보내면
됩니다.

4단계 내가 버린 것이 계곡물에 휩쓸려서 시원하게
떠내려가는 것을 지켜봅니다.

내가 제일 무서워하는 게
뭔지 생각해본다

나도 몰랐던 내 마음속 두려움

· · ·

제가 서른 살이 넘어 처음 자취를 시작했을 때의 일입니다. 다른 친구들은 자취를 시작하면 처음 갖게 되는 자기만의 공간을 꾸미느라 정신이 없다는데, 저에게는 그런 마음의 여유가 없었습니다. 그저 본가에서 두루마리 휴지 한 통까지 싹싹 긁어 올 정도로 생필품으로만 연명했습니다. 굳이 없어도 사는 데 지장이 없는 인테리어 소품 따위에는 전혀 관심이 없었고, 그냥 없는 건 없는 대로 살았습니다.

그런데 이런 저에게도 매일 아침 커피 한 잔을 마시는 습관이 있었습니다. 문제는 이사 나온 자취방에는 물을 끓이는 전기 주전자가 없었다는 거였죠. 그래서 저는 커피 한 잔을 내리기 위해 아침마다 냄비에 물을 끓였습니다. 커피를 내려야 하니 컵에 뜨거운 물을 부어야 하는데, 냄비에 있는 물을 컵에 바로 부을 수가 없으니 국자로 뜨거운 물을 떠서 컵에 붓는 행동을 날마다 해야 했습니다. 어느 날 친구가 제 자취방에 놀러 왔는데, 커피라도 한 잔 내줘야 할 것 같아서 언제나처럼 냄비에 물을 끓였습니다. 그러자 친구가 "밥 먹게?"라고 물어보더군요. 친구는 제가 냄비에 물을 끓이고, 펄펄 끓는 물을 국자로 떠서 커피를 내리는 걸 보더니 경악하고 말았습니다.

"야, 전기 주전자 하나에 3만 원도 안 하는데 제발 좀 사라. 너 그 정도는 벌잖아."

친구의 타박을 들으면서도 저는 속으로 이렇게 생각했던 것 같아요.

'돈이 아까워서 안 사는 게 아니라, 나는 그냥 물건 사는 게 귀찮아서 그래.'

그런데 그 이후 전문가에게 상담 치료를 받는 과정에서

제가 왜 이렇게 물건 사는 걸 꺼리는지 그 근본적인 이유를 깨닫게 되었습니다. 그것은 놀랍게도 제 마음속 깊은 곳에서 '돈을 쓰는 행위' 자체를 불쾌하게 여긴다는 거였습니다. 그리고 그 불쾌함이라는 껍질 안에는 '두려움'이라는 알맹이가 들어 있다는 사실이었어요. 맞습니다. 저는 돈을 쓰는 것 자체를 무서워했던 겁니다. 그것은 가진 돈이 점점 줄어드는 것에 대한 두려움이었습니다.

두려움을 직시하면 바뀌는 일

· · ·

저희 엄마는 늘 '돈 없다'는 말씀을 입에 달고 사셨는데, 실제로 돈이 없어서일 수도 있지만 습관적인 푸념일 때가 더 많았습니다. 제가 아주 어렸을 때는 집이 정말 가난했던 걸로 기억합니다. 하지만 점점 집안 살림이 나아져서 빚도 없어지고, 다달이 큰 금액을 저축할 만큼 잘살게 되었는데 그 이후에도 엄마는 늘 습관적으로 '돈 없다'고 말씀하셨어요. 저는 늘 돈이 없다며 푸념하고 가족을 탓하는 엄마를 순간 순간 미워하면서도, 엄마와 똑같이 돈 쓰는 것을 꺼리고 두려워했던 겁니다.

그러다가도 가끔은 엉뚱한 곳에 화풀이하듯 돈을 왕창 써
버리기도 했습니다. 일 년에 단 한 번도 쓰지 않을 물건을 왕
창 사거나, 평소에 하지 않던 사치를 하기도 했습니다. 그러
고 나서 정신이 돌아오면 쓸데없는 소비를 한 스스로를 자
책하며 우울해졌습니다.

상담 치료를 받으면서 제 안에 돈에 대한 두려움이 있다
는 것을 깨달은 이후로 저는 이 두려움을 자주 들여다보
기 시작했습니다. 돈을 쓸 때마다 느끼는 아주 작은 불쾌감
도 놓치지 않으려고 더듬이를 곤두세웠습니다. 신용카드에
'Sati'라고 써 붙여놓기도 했습니다. 'Sati'(사티)는 '알아차림'
이라는 뜻의 불교 용어인데, 내 생각과 마음을 가만히 들여
다보는 것을 말합니다. 돈을 쓸 때마다 내 마음에서 일어나
는 일을 살펴보겠다는 다짐 같은 거였습니다.

저는 여전히 제 수입에 비해 적게 씁니다. 남들보다 더 적
은 물건을 갖고 있고, 물건 하나를 사면 오래 쓰는 편입니다.
어제 입었던 옷을 오늘 또 입거나 낡은 가방을 드는 것도 전
혀 개의치 않습니다. 하지만 예전처럼 꼭 써야 하는 돈을 쓸
때 느끼는 불쾌감은 훨씬 줄어들었습니다. 과거에는 꼭 써

야 할 돈을 쓰지 못해서 한 번 힘들고, 참고 참았다 지출할 때는 돈을 썼다는 사실 때문에 다시 한 번 힘들었는데, 이제 더 이상 그런 감정 낭비를 하지 않게 되니 마음이 훨씬 편안해졌습니다. 마음속 두려움을 있는 그대로 바라보는 연습은 이런 변화를 일으켰습니다.

모든 것의 뿌리는 사랑받고 싶은 마음

• • •

여러분은 행복해지기 위해 자신에게 어떤 선물을 해주고 있나요. 저의 경우를 예로 들어볼게요. 현대 사회에서 돈을 쓰는 행위는 매일 매 순간 일어나는 아주 일상적인 사건입니다. 그런데 돈을 쓸 때마다 작은 불쾌감이 반복된다면 저는 편안한 삶을 사는 사람, 즉 행복한 사람이라고 말할 수 없겠죠. 이럴 때 스스로에게 해줄 수 있는 선물은 불편한 마음을 제거해주는 겁니다. 몸이 춥다면 옷을 더 껴입고, 통증이 있다면 병원에 가서 치료를 받는 것처럼요. 어떤 행동을 할 때 왜 불쾌함을 느끼는지 그 감정의 정체를 제대로 들여다보는 것이 자신을 행복하게 만드는 방법입니다. 여러분에게도 마음속 깊은 곳에 숨어 있는 두려움들이 있을 거예요. 시간을 내어 그 두려움이 뭔지 적어보세요. 일상적으로 느끼는 사건도 좋고 평소에 가졌던 감정에 대해 적어도 좋습니다. 지금부터 저에게 두려운 일을 한 번 나열해볼게요.

> 원고를 제때 마감하지 못할까 봐 걱정된다.
>
> 책에 대한 악평을 들을까 봐 두렵다.
>
> 야식을 먹고 싶은데, 먹으면 살이 찔까 봐 두렵다.
>
> 다음 시간 수업 내용이 어려운데, 학생들이 지루해할까 봐 두렵다.
>
> 택시 기사님께 처음 요청했던 목적지와 다른 곳으로 가달라고 부탁드렸는데, 기사님이 대답을 안 하신다. 기분이 나쁘신가? 눈치가 보인다.
>
> 비가 와서 차가 막힌다. 미용실 예약 시간에 늦을까 봐 걱정된다.

　두려운 일들은 이렇게 순식간에 여러 가지가 떠오를 수 있습니다. 그렇다면 이제는 이 중에 하나만 골라서 하나하나 짚어볼까요? 제가 두려움을 탐구하는 방식을 참고로 해서 여러분도 한번 실행해보시길 바랍니다. 예를 들어 저는 '책에 대한 악평을 들을까 봐 두렵다'는 주제에 대해 생각해보겠습니다. 이 두려움에 대해 끊임없는 질문과 답변을 반복해봅니다.

> 악평을 올린다고 해도 그게 왜 두렵지?
>
> 네가 이 책을 쓰는 이유는 뭐야?
>
> 이 책을 읽는 사람들이 어떤 점을 느끼고, 변화했으면 좋겠어?
>
> 처음 이 책을 쓰기로 했을 때 마음은 어땠어?
>
> 악평을 하는 사람이 있다면, 좋은 평을 하는 사람도 있지 않을까?
>
> 악평이 듣기 싫다고 해서 이 책을 쓰지 않을 거야?

이런 질문에 최대한 사실에 기반해서 답변하려고 노력해봅니다. '아니야, 사람들은 내 책을 좋아할 거야'처럼 무조건 긍정적으로 답변할 필요도 없고 '악평 좀 올라와도 괜찮아'처럼 스스로를 속이는 말을 하지 않아도 됩니다. 그저 왜 내가 이런 두려움을 느끼게 되었는지, 그 시발점을 찾아내겠다는 탐구 정신이면 충분합니다. 감정에 휘말려 중립적인 대답을 하기 힘들다면 잠시 접어두고 명상을 하거나, 아예 이 주제에 대한 생각을 중단해도 상관없습니다.

그런데 이렇게 질문과 대답을 반복하다 보면 재밌는 일이 벌어집니다. 걱정이 마법처럼 해소되냐구요? 아쉽지만 그건 아닙니다. 그렇다면 어떤 일이 일어날까요? 내가 가진 그 모든 걱정과 두려움이 모두 다 한 가지 뿌리에서 나온다는 사실을 깨닫게 된다는 말입니다. 그 뿌리는 바로 '미움받고 싶지 않다'는 마음이에요. 전혀 다른 종류의 문제라고 생각하던 사건들도 따지고 보면 결국, '미움받고 싶지 않아', '나도 사랑받고 싶어'라는 마음 때문에 생겨납니다.

동물병원에서 환자와 보호자를 대할 때도, 학교에서 학생들을 대하거나 동료 교수님과 이야기를 나눌 때도, 친구나 애인을 만날 때도 똑같습니다. 마음에 걸리는 것이 있거나 과도하게 애쓰는 부분이 있을 때 그 마음을 찬찬히 들여다보면 귀신같이 그 속에는 미움받고 싶지 않은 마음이 들어 있습니다.

신기한 건 이렇게 막상 내 마음의 실체를 확인하고 나면 두려운 감정이 훨씬 줄어든다는 사실입니다. 진짜 긍정은 부정적인 것을 억누르고 억지로 긍정적인 생각만 하는 게 아니죠. 내 안에 있는 부정적인 것들을 있는 그대로 인정하는 것, 그것이 진짜 긍정적인 마음을 가져다줍니다.

오늘은 내가 가장 두려워하는 게 뭔지 리스트를 한번 작성해보세요. 그리고 그 두려움의 실체를 확인했다면 아침에 일어나자마자 스스로에게 말해주는 겁니다. '아~ ○○야, 너도 사랑받고 싶었구나~ 내가 오늘 너를 사랑해줄게~.'

day20 모닝 1분 루틴

1단계 전날 시간을 내어 내가 제일 무서워하는 게 뭔지 생각해본다

2단계 왜 그렇게 무섭거나 혹은 화가 났는지 나 자신에게 계속해서 질문을 던진다.

3단계 아침에 일어나자마자 나 자신에게 말해준다.

예

'○○야, 너도 사랑받고 싶었구나~ 내가 오늘 너를 사랑해줄게~'

'○○야, 많이 무서웠구나. 그래 그럴 수 있어.'

'○○야, 많이 화가 났구나. 그래 충분히 그럴 수 있어.'

오늘 동료에게 던질 농담 하나를 구상해본다

사람이 가장 무섭다

• • •

저는 수의사로 일하면서 하루에 대략 스무 마리에서 서른 마리 정도의 환자를 보고 있습니다. 동물 환자는 늘 사람 보호자와 함께 오기 때문에, 매일 스무 명 이상의 사람을 만나게 되는 셈이죠.

사람 대하는 직업을 가진 분들이 다 그렇듯 저도 동물병원에서 온갖 특이한 사람들을 많이 만납니다. 그중에는 면전에서 고함을 지르거나, 술에 잔뜩 취한 채로 알아들을 수 없는 말을 하거나 계속 울기만 하는 사람도 있습니다. 한번은 이런 경우도 있었습니다. 어떤 손님이 자신의 아이가 너무 귀한 나머지, 턱에 뾰루지 몇 개 난 정도로 입원을 시켜달라고 고집을 피워서 할 수 없이 원하는 대로 해드린 적이 있었습니다. 그런데 그분은 아이가 입원해 있는 동안 근처에 차를 댄 채 창문 너머로 계속 병원 안을 감시하면서 간간이 전화를 했습니다. 만약 다른 환자를 처치하느라 전화를 바로 받지 못하면 '지금 내가 병원 앞에서 다 지켜보고 있다, 손님 별로 없는 거 알고 있는데 왜 전화를 안 받느냐, CCTV를 확인하겠다, 내가 ○○신문사 기자니까 조심해라'라는 내용으로 협박을 했습니다.

이런 경우 '정말 이상한 사람이네' 하고 그냥 넘기면 그만이지만, 사실 그렇지 못한 경우도 있었습니다.

몇 년 전, 병원에서 간단한 진료를 보고 돌아간 한 보호자가 포털 사이트에 근거 없는 악성 후기를 집요하게 남긴 적이 있었습니다. 동물병원에서 일하다 보면 드물지 않게 겪는 일이긴 했는데 그때 유독 더 괴로웠던 건 원장님의 대처 때문이었습니다.

당시 근무하던 병원의 원장님은 "나 같으면 댓글 지워달라고 보호자 집 앞에 가서 무릎 꿇고 종일 빌기라도 했을 거예요, 아, 물론 선생님보고 그렇게 하라는 말은 아니구요"라고 말했습니다.

하루 종일 병원 식구 모두가 심각한 표정으로 한숨을 푹푹 쉬었습니다. 저는 보호자와 보호자의 가족에게 전화를 걸어 잘못했다고, 제발 글을 삭제해달라고 빌었습니다. 그분이 병원 전화번호를 수신 차단해서 제 개인 핸드폰으로 전화를 걸기도 했습니다. 모든 방법을 동원해서 그 글을 삭제하라는 원장님의 명이 있었기 때문입니다. 원장님은 매일 서너 번씩 포털사이트를 확인하고, 글이 지워지지 않았다며 빨리 처리하라고 압박했습니다.

저는 이런 우여곡절 끝에 결국 그 악평을 삭제할 수 있었습니다. 보호자와 마지막으로 통화할 때 '그렇게 살지 마세요'라는 말을 들었지만 저는 죄송하다는 말밖에 하지 못했습니다. 지금까지 부끄럼 없이 당당하게 살아왔다고 생각했는데, 모든 것이 무너지는 기분과 무력감을 느꼈습니다. 저는 그 길로 동물병원을 그만뒀고, 종종 불안감에 과호흡이 찾아와 한동안 신경안정제를 처방받아 먹어야 했습니다.

고통을 이겨내는 유머의 힘

. . .

그 이후 한동안 쉬었습니다. 그러고 나서 이런저런 다른 일을 찾아서 부지런히 했지만 사실 사람이 무서워서 도망친 것이었습니다.

그러다 시간이 좀 흐른 뒤, 다시 다른 동물병원에서 일하게 되었습니다. 그곳은 24시간 운영하는 곳이라 늦은 시간까지 일하기도 하고 그러다 보니 술에 취한 사람을 비롯해서 특이한 사람들을 더 많이 만났습니다. 그런데 이 병원에는 특이한 문화가 있었습니다. 바로 진상손님을 응대한 선생님을 놀리는 문화였습니다.

어느 날 어떤 보호자가 전화를 해서 고양이가 변을 못 보는지 너무 괴로워한다며, 관장이라도 시켜달라고 말했습니다. 저는 진료 이후에 관장이 필요한 상황이면 해드릴 테니 내원하시라고 답변했습니다. 그러자 갑자기 그분이 버럭 고함을 지르기 시작했습니다. 정확히 기억은 나지 않지만, "당신이 수의사야? 관장은 내 아이디어고, 당신이 전문가라면 창의적인 대안을 제시해야지! 내가 하는 말 그대로 반복하는 것 말고!"와 같은 말이었습니다.

그분은 그 이후로도 한동안 폭언을 계속 했고, 다음 날 오전에 다시 전화해서 저의 학위 여부와 출신 학교를 물어봤습니다. 당연히 악성 후기도 달렸습니다. 전화로, 혹은 면전에서 폭언을 그대로 듣고 있는 것은 아무리 겪어도 적응이 되지 않는 일입니다. 하지만 이번에는 동료들의 대처가 달랐습니다.

한 선생님께서 제가 겪은 일을 듣고서는 "류 선생님, 창의적이고 혁신적인 방법을 제시하셨어야죠, 뭐 하셨어요. 관장은 본인 아이디어라잖아요. 앞으로는 아이디어 저작권에 주의해주세요"라고 놀리듯 말하며 웃으셨습니다. 그래서 저도 "그러게요, 제가 아직 역량이 부족해서 창의적인 대안을 미처 생각하지 못했네요. 하하하" 하고 따라 웃었습니다. 그 자리에서 대화를 듣고 있던 모든 사람들이 한바탕 웃고 나서야 다들 제게 고생 많았다고 위로의 말을 건네며 토닥여주었습니다.

이 일을 계기로 저는 똑같이 힘든 일을 겪어도 농담 한마디로 웃어넘기면 별것 아닌 일이 될 수 있다는 걸 알게 되었습니다. 물론 그 농담의 밑바탕에 저에 대한 애정과 위로가 깔려 있었기 때문에 더 그렇게 느껴졌겠지요. 그 덕분인지

이 병원에서 일하는 동안에는 악성 컴플레인과 진상 손님 때문에 힘든 일이 생겨도 오래 힘들어하지 않고 금방금방 극복할 수 있었습니다. '유머 감각 없는 사람은 스프링 없는 마차와도 같다'라는 말처럼 유머라는 완충제가 저를 지켜준 셈이죠.

그렇다고 모든 상황에서 농담이 가능한 것은 아닙니다. 농담에도 공감 능력이 필요합니다. 상황과 맥락에 맞는 농담을 그 누구에게도 상처 주지 않으면서 해야 하니까요.

만약 모두가 웃고 있는 가운데 웃을 수 없는 사람이 단 한 명이라도 있다면 건강한 농담이라고 말할 수 없죠. 그러므로 농담을 할 때는 그 자리에 있는 모든 사람들에 대해 존중하는 마음이 필요합니다.

자 그렇다면 이제 오늘의 루틴입니다. 오늘 회사 동료 혹은 그 누구에게라도 건넬 수 있는 가벼운 농담 하나를 구상한 후 출근하는 건 어떨까요? 물론 그럴 수 있는 상황이 생길 수도 있고, 아닐 수도 있지만 농담 하나쯤 주머니에 넣고 출근하는 것만으로도 하루 종일 든든하고, 기대되는 날로 만들 수 있어요.

썰렁한 아재 개그면 어때요? 집에 가서 자려고 누웠을 때 생각나면 피식 웃고, 그 이야기를 친구에게 하면서 또 한 번 피식 웃게 되면 되는 겁니다.

day21 모닝 1분 루틴

1단계 회사 동료(친구, 손님 등) 중 누구에게 농담을 걸어야 할지 생각해본다.

2단계 그 사람이 들었을 때 웃어넘길 것 같은 농담을 구상한다.

3단계 그 농담을 호주머니에 넣고 출근한다.

4단계 기회가 생겼을 때 농담을 건넨다(기회가 생기지 않으면 나 혼자 생각하면서 피식 웃어본다).

5단계 도저히 농담을 걸 타인이 생각나지 않는다면 나 자신에게 농담을 건네본다.

day 22
거울을 보며 눈꼬리에
주름이 잡힐 정도로 웃는다

웃으면 운이 정말 좋아질까?

. . .

얼마 전에 친구 소개로 새로 알게 된 언니가 있습니다. 친구 그리고 이 언니와 함께 식사할 기회가 있었는데 요즘 사주 공부를 하고 있다며 밥을 먹다 말고 갑자기 제 사주를 봐주었습니다. 사주를 전적으로 믿는 편은 아니지만 듣다 보니 점점 몰입하게 되어서 궁금한 것들을 이것저것 물어보다가 "어떤 남자를 만나면 좋을까요?"라는 질문까지 하게 되었습니다. 보통 사주를 봐주는 사람은 예를 들어 "쥐띠 남자를 만나라", "사주에 어떤 글자가 있는 사람을 만나라"라는 식으로 말하는 게 일반적인데, 이분은 의외의 조언을 했습니다.

"그건 사주랑 상관없어, 너를 자주 웃게 하는 남자를 만나야지. 자주 웃으면 운은 당연히 좋아지니까, 너를 자주 웃게 하는 남자가 너의 운을 좋아지게 하는 남자야."

이분의 말대로 자주 웃으면 정말로 운이 좋아질까요?

대학생들의 단체 사진을 분석한 미국의 한 연구 자료가 있습니다. 학생 시절 찍은 사진 속에서 '뒤센 미소'를 짓고 있던 학생은 50대에도 더 쾌활하고, 사교적이며, 행복한 결혼 생활을 하고 있었다고 합니다. 입만 웃는 것은 가짜 웃음, 눈꼬리에 주름이 잡힐 정도로 얼굴을 찡그려 웃는 것이 '뒤센형 웃음'이라고 합니다.

감정을 컨트롤하고 싶다면 몸을 이용하라

• • •

'웃는 표정을 지으면 실제로 행복해진다'는 것은 이제는 흔하게 들을 수 있는 이야기입니다. 이렇게 몸에서 마음으로 접근하는 방식은 배우가 연기를 배울 때도 자주 사용하는 방법입니다. 제가 처음 연기를 배울 때가 생각나네요. 저는 원래 에너지가 작고 차분한 성격인데, 쾌활하고 까불어야 하는 역할을 맡았습니다. 제 딴에는 아무리 몸짓을 크게 하고, 과장해서 연기를 해보려 해도 어딘가 어색했습니다. 억지 연기를 하는 저는 마치 대범한 척하는 소심한 사람처럼 보였습니다. 이런 저에게 연기 선생님은 항상 대사하기 전에 나무 상자 위에 뛰어 올라갔다가 다시 내려오는 것을 반복하는 '박스 점프'를 30개씩 시켰습니다. 몸을 크게 움직이고 호흡을 가쁘게 만들고 나면, 나도 모르게 더 힘차고, 대범하고, 쾌활해진다는 것이었습니다.

그렇다면 '나는 결백한데, 범인으로 몰려 답답한 상황'을 연기하려면 어떻게 해야 할까요? 답답해서 미치고 팔짝 뛸 것 같은 감정에 잘 이입이 되지 않을 때, 연기 선생님은 다른 배우 두 명을 붙여줍니다. 두 배우가 양쪽에서 팔을 붙잡고 앞으로 나가지 못하게 시킵니다. 그러면 가운데 있는 연기자는 아무리 앞으로 나가려고 애써도 잘 나가지 못합니다. 하지만 최선을 다해서 앞으로 나가려고 힘을 써봅니다. 이렇게 몸이 묶여 옴짝달싹하지 못하는 상황을 몸으로 연습하면 자연스럽게 답답해서 어쩔 줄 모르는 마음이 만들어집니다. 비슷한 예로 '절'이 있습니다. 많은 종교에서 절을 마음 수행의 중요한 도구로 삼습니다. 절이라는 것은 나의 몸을 납작하게 바닥에 붙여 낮추는 행위입니다. '내가 잘났다, 나는 남들에게 무시당해서는 안 된다, 내가 더 많이 가져야 한다'는 마음을 내려놓고 겸손한 마음을 가지라는 의미입니다. '겸손해야지'라고 결심해도 잘 되지 않을 때, 몸을 먼저 바닥에 낮추면 마음도 자연스럽게 낮아집니다. 나를 낮추고 남을 높이는 것이 좀 더 쉬워집니다.

기분 좋은 하루를 만드는 최고의 방법

• • •

기분이 좋지 않을 때, 우리는 어떻게든 감정 조절을 해보려고 하지만 쉽지 않습니다. 내가 어떤 상황에 부딪혔을 때 자연스럽게 영향받는 것이 기분이기 때문입니다. 여러분은 기분이 나아지기 위해 어떤 시도를 하고 있나요?

가만히 앉아서 '긍정적으로 생각해보자', '그냥 다 잊어버리자'라고 생각했을 때 성공했던 적이 있나요? 아무리 마인드컨트롤을 하려고 해도 말만으로는 잘 되지 않았을 겁니다.

그런데 기분 전환을 위해 몸을 움직였을 때를 생각해보세요. 대화가 잘 통하는 친구를 만나거나, 좋아하는 장소에 가거나, 운동을 하는 식으로 몸을 움직였을 때 기분이 나아진 경험이 더 많을 겁니다. 이렇게 기분이 좋아지고 싶다면 몸부터 움직이는 게 훨씬 효과적입니다. 억지로라도 웃는 표정을 지어서 기분을 좋게 만드는 것도 같은 이치입니다.

그래서 오늘은 '일부러 웃는 표정 짓기'를 제안합니다. 그냥 혼자 있을 때, 웃는 표정을 지어보는 겁니다. 습관으로 만들면 더 좋습니다. 아무런 동기 없이 수시로 웃는 표정을 짓는 것은 힘들기 때문에 특정 장소나 원래 하던 루틴 뒤에 붙이면 더 좋습니다. 웃는 것뿐만 아니라 다른 습관을 만들 때도 유용한 방법이지요. 저는 혼자 운전할 때 중간중간 웃는 게 습관이 됐습니다. 특히 출근길에 자주 합니다. 남들이 보지 않는 곳이기 때문에 연습하기 딱 좋습니다. 지하철이나 공공장소에서 하면 좀 이상한 사람처럼 보일 수 있으니 혼자 운전할 때 차에서 하는 거죠. 이렇게 웃는 연습을 하면 좋은 게 표정이 자연스러워져서 사진까지 잘 나온다는 장점이 있습니다. 차가 막혀서 기분이 초조할 때, 운전하기 지루할 때 하면 더 좋습니다. 중요한 발표나 강의를 앞두고 긴장될

때에도 표정과 자세를 먼저 만드는 것이 효과가 좋았습니다. 허리와 어깨를 펴고, 가슴을 약간 내밀고, 자신 있고 당당한 미소를 한 번 짓고 강단에 올라갑니다. 조금 민망할 수 있지만, 짧은 시간 내에 아주 빠르게 기분과 태도 전환을 일으킬 수 있는 저만의 팁입니다. 웃으면 고통도 줄어듭니다. 운동하다가 힘들다는 표정을 지으면 코치님들이 "표정 펴세요, 웃으세요"라고 합니다. 표정을 찡그리면 더 힘들게 느껴지기 때문이라고 합니다. 물론 웃음은 가볍고 편안해야만 지을 수 있습니다. 하지만 그와 반대로 먼저 웃으면 상황을 조금이라도 더 가볍고, 편안하게 만들 수 있습니다. 잘 웃는 사람은 다른 모든 자극에도 더 생생하게 반응할 수 있습니다. 어린아이가 더 잘 웃고, 더 잘 웁니다. 권태감이 덜하고, 모든 자극을 생생하고 새롭게 받아들이기 때문입니다. 웃거나 울지 않아야 한다는 사회적 억압으로부터도 어른보다 더 자유롭죠. 그러니 여러분도 웃음의 역치를 낮추는 연습을 해보세요. 아무 일 없을 때 웃을 수 있으면, 작은 일에도 당연히 잘 웃을 수 있습니다.

나의 웃음 버튼을 찾아라

· · ·

이쯤 되면 "아무리 웃으려고 해도 웃을 일이 없는데 어떡하죠?"라고 묻는 독자분들이 있을 것 같습니다. 그런 분들에게 저는 '웃음 버튼'을 찾으라고 권하고 싶어요. 누구에게나 '웃음 버튼' 하나쯤은 있을 겁니다. 특정한 이야기나, 사진, 영상 같은 것을 보면 무조건 웃음이 터져 나오는 경우가 있는데, 이렇게 웃음을 유발하는 매개체를 '웃음 버튼'이라고 합니다. 저에게도 웃음 버튼이 하나 있는데, 바로 대학생 때 찍은 친구의 망가진 사진입니다. 그 친구는 우울할 때 그 사진을 직접 보는 게 아니라 저한테 보여줬습니다. 그 사진을 보면 어김없이 자지러지는 저를 보는 게 그렇게 웃기다고 하면서요. 누군가의 웃음소리가 나에게 웃음 버튼이 되기도 합니다. 웃음은 전염성이 있으니까요.

여러분도 매일 인상 쓰는 사람보다는 웃는 사람에게 호감이 갈 겁니다. 특히 나에게 웃어주는 사람에게 우리는 더 좋은 것을 주고 싶어합니다. 설탕물이 나오는 버튼을 반복해서 누르는 쥐처럼, 웃음이라는 설탕물을 먹고 다시 웃음이라는 설탕물을 주고 싶어 하는 거죠. 아이의 웃는 얼굴은 부모에게 보상이 되고, 부모의 웃는 얼굴은 아이에게 보상이 됩니다. 심지어 강아지도 보호자의 웃는 얼굴을 알아보고 좋아합니다. 동물이 사람의 웃는 얼굴을 흉내 내기도 한다고 합니다. 나에게 무관심한 사람의 마음을 돌리는 데도 웃음만 한 것이 없습니다. 아는 친구는 본인의 소개팅 필승 전략이 박장대소라고 하더군요. 소개팅 자리에서 상대방이 하는 이야기에 딱 세 번만 박장대소를 하면 대부분이 나에게 호감을 가진다는 게 그 친구의 이론입니다.

자, 오늘은 여러분의 웃음 버튼을 한 번 찾아보세요. 아침에 일어나자마자 그 웃음 버튼을 보면서 크게 한 번 웃으면서 하루를 시작해보는 겁니다. 아마 웃지 않고 시작한 하루와는 사뭇 다른 하루가 펼쳐질 거예요.

day22 모닝 1분 루틴

1단계 나의 웃음 버튼이 있다면 찾아서 욕실 거울에
붙여둔다.

2단계 아침에 일어나 세수를 하기 전 웃음 버튼을
쳐다본다.

3단계 눈꼬리에 주름이 잡힐 정도로 크게 웃은 다음
세수를 한다.

day 23
가장 힘든 일을
상상 속 풍선에 매달아 날린다

숨만 쉬어도 혼날 것 같은 시간들

. . .

남의 평가에 예민한 저에게 가장 힘든 것은 보호자의 컴플레인입니다. 동물병원에서 일할 때, 진료 외에도 신경 써야할 일이 많은데 그중 가장 힘든 일이 바로 보호자의 신뢰를 얻는 일이 아닐까 싶습니다. 컴플레인을 피하기 위해 필요 이상으로 친절하게 대하고 굽신거리기도 해봤습니다. 그럼에도 보호자의 무시, 컴플레인, 불신은 피할 수 없는 일입니다. 보호자에게 좋지 않은 말을 들은 날에는 퇴근하고 나서도 한동안 그 생각이 머릿속을 떠나지 않습니다. 그 보호자가 등장하는 꿈을 꾸기도 합니다. 태생적으로 생각과 걱정이 많고 힘든 일을 곱씹는 성격 때문이죠.

그래서인지 1년차 수의사 때 공황발작이 온 적도 있어요. 선배님들께 수없이 혼나고 혼나고 또 혼나는 순간들. 정말 숨만 크게 쉬어도 혼날 것 같은 시간이 하루에 길게는 15시간씩 이어지니 마음이 너무 불안했던 거죠.

이런 환경에서 부정적인 감정이 자신을 압도할 때, 많은 사람들이 선택하는 것이 바로 '감정의 억압'입니다. 저도 많은 시간들을 이렇게 감정을 억압하면서 살아왔습니다. 퇴근하고 나면 시끌벅적한 예능을 틀어놓고, 가능하면 오늘 일어난 힘든 일을 잊어버리기 위해 애썼습니다.

저처럼 부정적인 감정을 저 깊은 바닷속에 던져버리고, 그 바다 쪽으로는 시선도 주지 않은 채 살아가는 사람들이 정말 많습니다. 저의 전략은 힘들면 자는 것입니다. 다행히 잠은 잘 자는 편이라, 부정적인 생각을 피하기 위해서도 잠을 이용했습니다. 그런데 이렇게 계속 피하기만 하면 결국에는 문제가 생깁니다. 내가 외면했던 감정들이 없어지는 게 아니라 마음속 어딘가에 눌린 채로 박혀 있기 때문이죠.

이렇게 되면 비슷한 사건이 일어났을 때, 불쑥불쑥 억눌렀던 감정이 올라오는 부작용을 겪게 됩니다.

감정 일기 쓰기

. . .

예전에 진료 도중 손을 크게 다친 적이 있습니다. 어떻게 얼마나 베었는지는 알 수 없지만 피가 엄청 많이 났습니다. 일단 급하게 거즈로 다친 부위를 감싸고 꽉 누르고 있었는데 거즈를 들춰볼 엄두도 나지 않았습니다. 얼마나 다쳤는지 확인하기가 무서웠기 때문입니다. 그래서 그저 상처를 꽁꽁 동여맨 채 한참 동안 있었습니다. 하지만 이미 상처가 났고, 오염까지 됐는데 아프다고 꽁꽁 묶어만 놓으면 어떻게 될까요? 곪고 썩어들어갈 것입니다. 아파도 상처를 씻고, 어떤 상처인지 들여다본 다음, 소독을 매일 반복해야 상처는 낫습니다. 부정적인 감정도 마찬가지입니다. 안간힘을 써서 못 본 척한다고 무조건 긍정적이고 행복하게 살 수 있는 건 절대 아닙니다. '좋은 감정'과 '나쁜 감정'에 라벨을 붙인 다음 '좋은 감정'만 느끼려고 아등바등하면 두고두고 더 큰 부작용에 시달릴 수 있습니다.

그렇다면 어떻게 해야 할까요? 첫 번째로 해야 할 일은 상처를 들여다보는 것처럼 나쁜 감정을 자세히 들여다보는 겁니다. 어떤 사건이 일어났고, 그게 내 마음에 어떤 파장을 일으켰는지 자세히 관찰하는 거죠. 그러면서 그 감정을 있는 그대로 인정해줘야 합니다. 이때 사용할 수 있는 가장 유용한 도구 중 하나는 '아웃풋'입니다. 내 감정을 외부로 표출해야 그 실체를 자세히 알 수 있고 제대로 공감도 해줄 수 있으니까요. 저의 경우에는 노션이라는 프로그램에 감정 일기를 씁니다. 하루 동안 벌어진 일을 시간 순서대로 쭉 쓰고, 그 일들이 내 마음에 일으킨 파장에 대해 상세하게 기록하는 겁니다. 아래는 제가 예전에 쓴 감정 일기 중 한 대목입니다.

1. 친구가 나를 끊임없이 괴롭히는 마음이 뭔지 알아보자고 했다. 그때 문득 이런 생각이 들었다. 나는 '내가 유난히도 별난 사람이어서, 나를 있는 그대로 사랑해주는 사람을 만나는 건 기적에 가까운 일일 것이다'라는 명제를 너무나도 강력하게 믿고 있다. 그 생각이 내 무의식에 딱 자리 잡고 꼼짝도 하지 않으면서 내 삶을 지배하고 있다.

2. 종일 기운이 없고 우울해서 아무것도 하지 못하고 운동 갈 시간이 되었다. 아직은 운동 갈 기운은 있어서 다행이다. 눈물만 겨우 닦고, 또 힘이 없어서 운동을 못 할까 봐 포도를 몇 알 챙겨 먹었다. 박스(크로스핏 박스)에 2분 정도 늦게 도착했다. 처음에 스트레칭할 때까지는 기분이 엉망이었는데 정신없이 운동을 하고 와드(오늘의 운동)를 하다 보니 기분이 좋아졌다.

3. 파워스내치를 처음 배웠다. 데드리프트랑 머리 위로 드는 동작은 하겠는데 두 가지 동작을 동시에 하면서 점프까지 하려니까 어색해서 상하체를 동시에 못 하고 뚝딱거렸다. 25파운드짜리 빈 바로도 못해서 pvc파이프로 와드를 진행했다. 늘 스케일의 스케일의 스케일까지 최하 난이도로 진행하는 게 자존심 상하고 못마땅하지만, 무리하다 다치는 것보단 낫다고 생각했다. 무게가 가벼운 만큼 정확한 동작을 익히는 데 집중하자고 생각하고, 세부적인 동작에 신경 쓰며 수행했다. 박스 점프오버는 딱 힘들고 좋았다. 운동할 때 시무룩한 게 티가 났는지 운동 끝나고 코치님이 '처음 하는 거라 어색한 게 당연한 거다, 다른 분들은 파워스내치를 한 번 이상 다 해봐서 할 줄 아는 거다. 처음엔 못 하는 게 정상이다. 마지막엔 잘하셨다. 자신 있게만 하면 된다'라는 메시지를 주셨다. '니가 틀린 게 아니다, 정상이다'

라는 말이 나에게는 언제나 큰 위로가 된다. 그러고 보니 나는 남들과 나를 비교해서, 남들과 다른 (혹은 남들보다 못한) 내 모습을 끔찍하게도 싫어하나 보다. 어쨌든 코치님의 말씀에 기분이 조금 나아졌다. '그래, 처음에 못 하다가 시간이 지나면서 점점 느는 모습을 보는 것이 더 뿌듯하지 않을까?'라고 생각했다. 폼롤러 스트레칭을 10분 정도 더 하고 박스를 나왔다.

이렇게 사건의 순서대로 번호를 매겨가며 감정 일기를 씁니다. 꾸준히 기록하다 보면, 재밌는 사실을 알게 됩니다. 그것은 바로 매일 비슷한 사건으로 또다시 부정적인 감정을 느낀다는 거예요. 날마다 새로운 사건이 일어나고 그 사건이 힘든 줄 알았는데 사실은 그게 아니었던 거죠. 혹은 새로운 사건이 일어나도 늘 비슷한 방식으로 느끼기도 합니다. 중학생 때 배운 함수 상자를 기억하시나요? $y=2x$와 같은 함수가 들어 있는 상자에 특정한 x값을 넣으면 y값이 산출되는 상자입니다. 우리의 마음속에도 자신만의 함수 상자가 있습니다. 어떤 일이 일어나든 있는 그대로 보지 못하고 내가 가진 함수 상자를 통해 왜곡해서 해석한다는 말이죠.

감정 일기를 쓰게 되면 내 마음속의 함수 상자에, 어떤 수

식이 들어 있는지 알아낼 수 있습니다. 이 수식을 정확하게 파악하고 나면 좋은 점이 뭘까요? 앞으로 똑같은 일이 생겨도 훨씬 더 가벼운 마음으로 넘길 수 있다는 것입니다. 너무나 신기한 마술 공연을 볼 때를 생각해보세요. 트릭을 알지 못할 때는 너무나 신기하지만 마술사가 어떤 트릭을 썼는지 알고 나면 시시해지는 것과 같습니다. 내 마음속 함수 상자가 어떤 수식으로 작동하는지를 알고 나면 화가 났던 사건에도 마음이 잠잠해집니다. 그러니까 앞으로 부정적인 감정이 든다면 내 마음속 함수 수식을 알아낼 절호의 기회로 삼아보세요.

공감, 언어화, 놓아주기

· · ·

자, 그럼 이제 다시 한번 정리해볼까요?

첫째 부정적인 감정이 생겼을 때 이를 외면하지 않고 있는 그대로 충분히 공감해줍니다. '이러저러해서 외로웠구나, 이러저러해서 화가 치밀었구나' 하고 나의 감정을 있는 그대로 긍정해줍니다. 어떤 상황에서 어떤 감정을 느끼는 건 내가 못나서가 아닙니다. 남들이 보기에는 아주 작은 일인데도 나에게는 너무 화가 날 만큼 큰일일 수 있습니다.

둘째 내가 느낀 감정을 언어화합니다. 저처럼 감정 일기를 써도 좋고, 누군가 내 말에 공감해주는 사람에게 감정을 표현해도 상관없습니다. 이때 가능하면 '슬펐다, 공감받지 못하는 기분이 들어 외로웠다, 화가 치밀었다, 스스로가 미웠다, 수치스러웠다…' 등등 정확한 감정 표현으로 아웃풋을 합니다. '그냥 기분이 안 좋았다', '그냥 짜증 났다'처럼 애매한 표현보다는 정확하게 내 감정을 설명할 수 있는 단어가 좋습니다. 처음에는 나의 감정을 정확하게 표현하는 단어를 찾는 것조차 어렵게 느껴질 수 있습니다. 어두운 내면을 들여다보는 것 자체가 무작정 싫을 수도 있구요. 그래도 꾸준히 한 문장, 두 문장씩 감정을 언어화하는 게 좋습니다.

이때 조심해야 할 건 무슨 일 때문에 어떤 감정이 들었든 '나는 왜 이렇게 작은 일에 화를 낼까?'라는 식으로 스스로의 감정을 탓하면 안 된다는 거예요. 그냥 있는 그대로 받아들여주세요. 감정에 옳고 그름은 없으니까요.

그러고 나서 셋째 충분히 나의 감정을 언어로 표현해서 곱씹었다면 이제는 놓아줄 차례입니다. 앞부분에서도 이야기한 적이 있지만 놓아주는 것은 억압과는 다릅니다. 억압은 감정을 알아봐주지도 않은 채 무작정 묻어두고 외면하는 것입니다. 아파서 우는 아이에게 울 일 아니니 울지 말라고 윽박지르는 것입니다. 그에 비해 감정을 놓아준다는 것은, 우는 아이의 이야기를 잘 들어주고 실컷 울게 내버려둔 다음, 다 울고 나서 훌훌 털어버리도록 도와주는 것입니다. 앞서 19일차에 '중요하다고 생각했던 일을' 계곡물에 흘려보내는 방법을 말씀드린 적이 있습니다. 오늘은 내 안에 부정적인 감정을 커다란 헬륨 풍선에 매달아 날려 보내면서 하루를 시작해봅시다. 물론 이렇게 한 번 날려 보낸다고 해서 모든 감정이 해소되지 않을 수도 있습니다. 그러면 다시 '공감→언어화→놓아주기'라는 3단계 과정을 반복하면 됩니다.

day23 모닝 1분 루틴

1단계 전날 저녁 최근에 겪었던 가장 기분 나빴던 감정을 떠올립니다.

2단계 감정 일기를 쓰면서 왜 기분이 나빴는지 충분히 표출하고 내 감정에 공감해줍니다.

3단계 다음 날 아침에 일어나자마자 그 감정을 상상 속 풍선에 매달아 창문 밖으로 날려 보냅니다.

'○○야, 나는 너를 믿어'라고
다섯 번 말해준다

안정적인 길과 불안한 길

· · ·

안정적인 길과 불안한 길. 저는 지금까지 살아오면서 늘 후
자를 선택하며 살아왔습니다. 성인이 된 이후 제가 선택한
길 중에 안전한 길이나, 대다수의 사람들이 선택하는 길은
없었습니다. 부모님은 왜 군이 피곤하고 위험한 길을 가려
고 하느냐고 말리셨습니다. 사람들로부터 "유별난 성격이
네. 왜 자기 팔자를 자기가 꼬고 있어", "그렇게 살면 부모님
이 걱정 많이 하시겠어요"라는 걱정 어린 말도 여러 번 들었

습니다. 지금도 저는 안정적인 직장에서 돈을 더 많이 버는 길을 택하지 않고, 출근하는 시간은 최소한으로 줄이고 남은 시간에 글 쓰는 일, 연기하는 일, 영상 콘텐츠 만드는 일에 힘쓰고 있습니다.

물론 제 지인들은 좋아하는 일을 꾸준히 추구하는 저에게 '자기 확신이 있어서 멋지다'는 말들을 많이 해줍니다. 하지만 사실 이런 말을 듣기에는 부끄럽게도 저는 늘 두렵습니다.

이 지면을 빌려서 고백하건대 어떤 선택도 확고한 '자기 확신'에서 나온 적은 없었습니다. 평생 안정된 자리가 보장된 전임교수 자리를 박차고 나올 때에도 나중에 후회하지 않을까 며칠 밤을 새우며 고민했습니다. 호기롭게도 '나는 내가 하고 싶은 일을 하고 살아야겠다'라고 결심한 후 사직서를 제출하고, 총장님과 학과장님의 설득을 몇 번 거절하고, 마지막 짐까지 빼서 연구실을 나서던 겨울방학의 마지막 날이 생각납니다. 겉으로는 의연했지만 사실 그날 제가 느낀 감정은 후련함도, 아쉬움도 아닌 '불안함'이었습니다. 나중에 오늘 이 순간을 뼈저리게 후회하면 어쩌지? 캠퍼스에서 발이 잘 떨어지지 않았습니다. 캠퍼스에는 새 학기가, 봄이 시작되고 있었지만 저에게는 언제 끝날지 모르는 더 캄캄하고 아득한 겨울이 낭떠러지처럼 펼쳐진 느낌이었습니다.

불안하니까 사람이다

· · ·

얼마 전에 김환기 작가전에 다녀왔습니다. 김환기 작가는 우리나라를 대표하는 추상화가로, 그의 작품은 한국의 미술품 중 최고 거래가를 기록할 정도지만 정작 활발하게 작품 활동을 할 때엔 극심한 생활고에 시달렸습니다. 뉴욕에서 그림을 그리던 시절에는 비용을 아끼기 위해 신문지에 작업했다고도 합니다. 미술관에는 김환기 작가의 작품뿐만 아니라 작업 일지도 함께 전시되어 있었는데, 그중 한 구절을 소개해드리려 합니다.

> 봄내 신문지에 그리던 일 중에서 나는 나를 발견하다. 내 재산은 오직 '자신'뿐이었으나 갈수록 막막한 고생이었다. 이제 이 '자신'이 똑바로 섰다. 한눈팔지 말고 나는 내 일을 밀고 나가자. 그 길밖에 없다. 이 순간부터 막막한 생각이 무너지고 진실로 희망에 가득

차다.

생활고에 시달리고, '내가 하고 있는 예술이 맞나?' 하면서 점점 자기 확신이 없어지고, 언제까지 계속 작업을 할 수 있을지 불투명한 상황 속에서도 작가는 스스로를 믿었습니다. 자신을 믿고, 한눈팔지 않기로 결심한 순간부터 막막한 생각은 사라지고, 희망만이 남았다고 합니다. 이렇게 자신을 향한 믿음 하나에만 의지해서 작가는 결국 한국을 대표하는 추상화가가 되었습니다. 작가의 작업 일지를 읽으면서 묘하게 위안이 되는 기분이었습니다. 저도 제가 하는 일에 늘 확신이 없었기 때문입니다. 위대한 화가와 저를 비교하는 게 우스운 일이지만, 이렇게 위대한 예술가도 수십 년 동안 불안함에 흔들리며 마음을 붙들기 위해 안간힘을 썼구나 하고 생각하니 제 안의 불안함도 너무나 당연한 거라고 누군가 말해주는 것 같아 안심이 되었습니다.

내가 주인공이 되는 방법

. . .

저는 원래 주체적이거나 자기 확신이 뚜렷한 사람은 아닙니다. 오히려 불안도가 굉장히 높고, 예민한 사람입니다. 실패를 굉장히 두려워했고 완벽주의도 있었습니다. 무엇이 두려웠을까요? 어떤 일에도 정답이 없고, 아무것도 확신할 수 없다는 불확실성이 저를 두렵게 했습니다. 교과서에 나온 방법대로 진단하고 치료해도 낫는다는 보장이 없는 환자들. 비슷해 보이지만 환자마다 너무나 다른 치료 경과. 아무리 열심히 해도 잘 된다는 보장이 없는 연기. 열심히 한다고 실력이 느는 것 같지도 않고, 연기를 잘한다는 게 뭔지 확신할 수도 없다는 사실. 독자에게 도움이 될지, 아니 독자를 만날 수나 있을지 불안한 글쓰기….

하지만 비록 불안함에 떨지라도 내가 나를 믿고 밀어붙인 일들만이 스스로를 성장시켜준 것만은 확실합니다. 비록 그 일에 실패할지라도 그 누구도 원망하지 않을 수 있기 때문이에요. 누구도 원망하지 않고 실패한 원인에만 집중할 때 더 많이 배우고 더 많이 성장할 수 있습니다. 이 세상 모든 것은 변합니다. 과거에는 최고라고 여겼던 가치도 어느 순간 무너지는 경우도 부지기수입니다. 한때는 공무원이 안정적인 직업이라며 수백 대 일의 경쟁률을 자랑했지만, 어느 순간 인기가 사그라들어 역대 최고 인원이 다른 직종으로 이직했다는 뉴스가 나옵니다. 1초도 떨어지기 싫었던 연인과도 헤어져 남남이 되는 경우도 많고, 철석같이 믿었던 우량주가 떨어지거나, 평생을 몸 바쳐 일하던 회사가 망하기도 합니다. 이렇게 변화무쌍하고 불안한 상황에서는 흔들리지 않는 한 가지 기준이 필요합니다. 그 어떤 것도 확실하지 않다면, 우선 나 자신을 믿어보는 건 어떨까요? 영원히 내 옆에 있고, 나와 함께 모든 희로애락을 느낄 한 사람. 바로 나 자신입니다. 그렇다고 주변 사람들의 조언을 무시한 채 내 고집대로만 하라는 말은 아닙니다. 인생에서 중요한 결정을 습관처럼 타인에게 위임하고 있지 않은지 점검해보자는 말입니다.

남들이 가는 안정적인 길, 내가 선택한 불안한 길. 이 두 갈래의 길이 있을 때 만약 전자를 선택했다가 실패했을 때는(혹은 행복하지 않을 때는) 평생 남을 원망하면서 살게 됩니다. 타인을 원망하는 것은 스스로를 피해자로 만드는 것이죠. 그러나 후자를 선택했더라도 그리고 그것이 실패로 끝

나더라도 온전히 내가 책임지겠다는 용기를 갖고 있다면 평
생 내가 주인공인 삶을 살 수 있습니다.

피해자로 살지 않기 위해, 내가 주인공인 삶을 살기 위해,
오늘은 나 자신에게 힘이 되는 마법의 문장으로 하루를 시작
해봐요. 반복해서 말하는 건 생각보다 큰 효과가 있습니다.

day24 모닝 1분 루틴

1단계 눈뜨자마자 최근 가장 불안했던 일을 생각해본다.
2단계 손으로 가슴을 다독여주며 "○○야, 나는 너를
믿어"라고 다섯 번 말해준다.

"○○야, 나는 너를 믿어."
"○○야, 나는 너를 믿어."
"○○야, 나는 너를 믿어."
"○○야, 나는 너를 믿어."
"○○야, 나는 너를 믿어."

숨이 턱 끝까지 차도록
팔 벌려 뛰기를 한다

하루 종일 말 한마디 하지 않던 날

• • •

앞에서도 잠깐 이야기했지만 교수로 재직하던 시절, 저는 너무 바빠서 저녁 시간도, 주말도 반납하고 일을 하곤 했습니다. 특히 2학기가 가장 바빴는데, 추석 연휴 중 이틀을 제외하고는 주말도 없이 4개월 동안 매일 출근했습니다. 평일에는 거의 매일 야근을 했구요. 첫 책 『아침이 달라지는 저녁 루틴의 힘』에서 퇴근 후 저녁 시간 활용법을 강조하던 저였지만 이 시절에는 퇴근해서 집에 들어오면 잠깐 눈만 붙였다가 다시 출근해야 하는 일상이 반복됐습니다. 저녁 루틴은커녕 저녁 식사조차 여유롭게 할 수 없었습니다. 내가 한 말을 내가 실천할 수 없다니 한숨이 나왔습니다.

특히나 저는 생계로 하는 일과 내가 하고 싶은 일을 꾸준히 병행했던 사람이라 더 괴로웠습니다. 개인적인 행복을 추구하고 싶은 마음과, 교육자로서의 책임감 사이에서 방황했던 시간들이었습니다. 하루 종일 5평 남짓한 교수 연구실에 틀어박혀서 문서 작업을 하고, 모니터, 책, 논문과 씨름하면 약간 정신이 이상해지는 것 같고 머리가 멍해질 때가 많았습니다. 수업이 있는 날은 그나마 학생들과 얘기하면서 에너지를 받기 때문에 힘이 나는데, 수업이 없는 날은 스트레스가 더 쌓였습니다. 개인 연구실이 있어서 좋기도 했지만, 하루 종일 사람과 대화하지 않고 문서 작업과 이메일로만 일하다 보니 에너지가 고갈되고 가슴이 답답한 느낌을 받았습니다. 에너지가 순환되지 않고 정체되는 느낌이라고 할까요.

아침 운동은 하루의 분위기를 결정한다

· · ·

이렇게 빡빡한 일정과 고립된 업무 환경에서 답답함을 느끼던 저에게 구세주가 되어준 것은 바로 운동입니다.

저녁을 먹고 한 시간 정도 밀도 높은 근력 운동을 한 이후 다시 학교로 돌아와 일하기로 하고 헬스클럽에 회원 등록을 했습니다. 하루 종일 앉아 있다가 운동하러 가서 땀을 삘 삘 흘리고 나면 그제야 정신이 맑아지고 숨통이 트였습니다. 근력 운동을 마치고, 노을이 보이는 창가에서 트레드밀을 달리는 것도 참 좋았습니다. 이렇게 운동의 효과를 체감하고 난 후로는 운동 갈 시간이 없으면 학교 대운동장이라도 뛰고, 학교 뒷산이라도 잠깐 오르는 습관을 들였습니다.

그렇게 운동이 생활화된 저는 어느 순간 아침 운동도 좋아하게 되었습니다.

아침에 일어나면 머리는 약간 멍하지만 몸은 쉬고 일어난 직후이기 때문에 에너지를 발산하기에 딱 적절합니다. 운동을 하고 나면 몸과 정신도 깨어나는 느낌이 듭니다. 또 아침 시간은 하루의 분위기를 결정하는데, 아침에 운동으로 작은 성취를 이루고 나면 하루를 승리의 분위기로 이끌 수 있습니다.

물론 저도 아침 수영을 처음 시작했을 때는 출근하고 나서 병든 닭처럼 꾸벅꾸벅 졸기도 했습니다. 하지만 한 달 정도가 지나자 몸에 운동이 딱 붙는 느낌이랄까요. 오히려 어쩌다 운동을 안 하고 출근한 날에는 몸이 더 피곤하고 뻐근한 느낌이 들 정도가 됐습니다. 이제 저는 운동 없는 삶은 상상이 잘 되지 않습니다. 혹시 나는 운동과 잘 맞지 않는다고 생각하는 분이 있다면, 종목을 계속 바꿔보시라고 권해드리고 싶어요. 운동 중에서도 나에게 잘 맞는 게 하나쯤은 있게 마련입니다. 수영이든 필라테스든 웨이트트레이닝이든 댄스든 나에게 맞는 운동 하나를 발견하게 되면 점점 '운동 친화적 인간형'으로 변신하는 자신을 발견하게 될 테니까요.

인생의 무게 따위는 아무것도 아니다

· · ·

운동이 우울증 치료에 효과가 좋다는 것은 이미 여러 연구를 통해 널리 알려지고 있습니다. 한 자료에 의하면 운동은 경도 및 중등도 우울증에 1차 치료로 권고되고 있으며, 중

등도 및 고도 우울증에는 2차 보조 치료로 권고된다고 합니다.*

또 최근 의학계에서는 우울증 치료로 사용되고 있는 1차 약물인 SSRI계 항우울제를 대체할 수 있는 방법으로 '땀이 약간 날 정도의 운동'을 인정하고 있다고 합니다. 운동을 하면 행복 호르몬인 도파민, 세로토닌이 안정적으로 분비되기 때문이죠.

더불어서 최근에는 다 자란 사람(동물도 포함)의 뇌에서도 새로운 신경이 생성된다는 연구 결과들이 많이 발표되었는데 이 현상을 '성체뇌신경생성(Adult neurogenesis)'이라고 합니다. 이는 학습, 감정, 우울, 스트레스 등과 관련이 깊은데 운동, 특히 달리기는 뇌에서 새로운 뉴런을 촉진하면서 우울한 감정을 감소시킨다고 합니다.**

*―― Ravindran AV, Balneaves LG, Faulkner G, Ortiz A, McIntosh D, Morehouse RL, et al. Canadian network for mood and anxiety treatments (CANMAT) 2016 clinical guidelines for the management of adults with major depressive disorder: section 5. complementary and alternative medicine treatments. Can J Psychiatry 2016;61:576-587.

**―― Laura Micheli, Manuela Ceccarelli, Giorgio D&Andrea, Felice Tirone, Depression and adult neurogenisis: Positive effects of the antidepressant fluoxetine and of physical exercise. Brain Research Bulletin 2018;143:181-193

이 밖에도 운동이 우울증을 예방하거나 치료한다는 연구 결과는 지금도 계속 쏟아져나오고 있는 상황입니다.

네이버 웹툰 〈여성전용헬스장 진달래짐〉에는 운동 초보인 주인공이 개인 트레이너를 만나 변화하는 이야기가 나옵니다. 이 웹툰에 제가 정말 좋아하는 대사가 하나 있습니다. 바로 "중량을 잘 들게 되면 인생의 무게 따위는 아무것도 아니게 될 겁니다"라는 말이에요. 저 역시 꾸준히 운동을 하면서 무거웠던 마음이 점점 가벼워진 경험을 했기에 이 대사가 가슴에 더 와 닿았던 것 같습니다. 몸에 정신을 집중하면서 땀을 흘릴수록 마음은 더 가벼워지고 살 것 같은 기분을 느꼈으니까요.

물론 운동을 한다고 해서 삶의 실질적인 문제가 해결되지는 않습니다. 운동을 한다고 이번 달 월세가 나오는 것도 아니고, 내일 마감해야 할 보고서가 저절로 써지는 것도 아닙니다. 하지만 인생에서 만난 혹은 앞으로 만나게 될 수많은 문제와 스트레스를 이겨낼 수 있는 마음 근력은 명상과 독서만으로는 부족합니다. 몸과 마음은 동전의 양면이기에 몸 근육과 함께 마음 근육까지 단련하는 게 좋은 방법입니다.

그래서 오늘은 운동으로 시작하는 아침 루틴을 소개하겠

습니다. 운동의 종류는 너무 다양하지만 그중 가장 저렴하고 즉각적이며 남녀노소 모두에게 확실한 효과를 볼 수 있는 것은 바로 '달리기'입니다. 달리기는 명상보다 진입 장벽이 낮고 따로 배울 필요가 없습니다. 마음만 먹으면 바로 실행할 수 있다는 장점도 있습니다.

자 그럼 아침에 일어나자마자 할 수 있는 달리기는 뭘까요? 바로 '팔 벌려 뛰기'입니다. 층간소음 문제로 하기가 힘들다면, 바닥에 매트를 깔고 '암워킹'이라는 동작을 해도 좋습니다. 암워킹은 제가 집에서 땀을 내고 싶을 때 자주 하는 동작입니다. 쪼그려 앉아서 팔을 이용해 앞으로 기어갔다가 다시 돌아오는 동작인데, 아주 쉬운 기본 동작이니 인터넷에 검색해보시고 꼭 해보세요.

day25 모닝 1분 루틴

1단계 눈을 뜨자마자 가벼운 스트레칭을 한다.

2단계 자리에서 일어나 바로 '팔 벌려 뛰기'를 시작한다
(이때 아무런 생각을 하지 말아야 한다).

3단계 꼭 1분을 정해놓고 하기보다는 숨이 턱 끝까지 차서
더 이상 하기 힘들 때까지 해본다.

4단계 '팔 벌려 뛰기'가 익숙해지면 주말 아침에는 밖에
나가 '30분 달리기'를 시도해본다.

day 26

내가 날마다
꾸준히 하고 있는 일을 찾아내서
칭찬해준다

왜 자신에게는 인색할까?

· · · ·

저는 5년 전부터 자기계발, 시간 관리에 대한 콘텐츠, 공부
브이로그 등을 꾸준히 제작하고 있습니다. 본업인 수의사
혹은 교수 업무를 하면서도 콘텐츠를 만들어서 올리는 일
은 멈추지 않았습니다. 제 유튜브 채널에는 실천에 어려움
을 느끼는 구독자들의 댓글이 많이 달립니다. '저도 한빈 님
처럼 꾸준히 공부하고 싶은데, 막상 퇴근하고 집에 들어오
면 아무것도 하기 싫어서 스마트폰만 붙잡고 있다가 잠들게

돼요', '큰맘 먹고 시작해도 작심삼일이에요' 하는 식입니다. 저는 그럴 때마다 영영 포기하지만 않으면 된다고 격려해드리곤 합니다. 무언가를 바꿔야겠다고 결심하고, 시작한 것만으로도 대단한 거고, 원래 아무리 작은 일이라도 매일 하는 건 어려우니 지금도 충분히 잘 하고 있다고 응원하면서요.

하지만 이렇게 구독자들에게는 관대하게 피드백을 하면서도, 정작 저 자신에게는 인색하게 굴 때가 훨씬 더 많습니다. 하루 동안 해야 할 일을 못 하면 자책하고, 할 일을 다 해낸 이후에도 좀 더 집중했더라면 더 많은 일을 할 수 있었을 텐데 하고 자책할 때가 많습니다. 본업과 더불어 다른 많은 일들을 정말 바쁘게 해냈으면서 어제보다 오늘 더 못 하면 아쉬워합니다. 과소비하는 편이 아닌데도, 물건을 사거나 비싼 밥 한 끼를 먹고 나면 돈을 많이 썼다며 자책하기도 했습니다.

나에게도 남에게도 관대한 사람이 되려면?

· · ·

우리는 흔히 사람을 두 가지로 나눠 이야기하곤 합니다. '남에게는 가혹하면서 스스로에게는 관대한 사람'과 '남에게는 관대하면서 스스로에게는 엄격한 사람'이 바로 그거죠. 보통 전자의 경우에는 비난의 대상이 됩니다. 하지만 엄밀하게 말해서, 남에게 가혹하면서 스스로에게 관대할 수 있는 사람은 없습니다. 남에게 가혹하다는 것은 어떠한 엄격한 평가 잣대를 가지고 있다는 뜻입니다.

'날씬한 것은 좋고 뚱뚱한 것은 나쁘다, 부지런한 것은 좋고 게으른 것은 나쁘다'처럼 '이것은 좋고 저것은 나쁘다, 이렇게 해야만 하고 저렇게 하면 안 된다'는 평가 기준들이죠. 내 안에 이런 기준이 세워진 순간, 그것을 남들에게만 선택적으로 적용하기는 어렵습니다.

그런데 왜 스스로에게는 관대해 보이는 사람이 있는 걸까요? 그것은 자신의 의식에서 지워버렸기 때문입니다. 자신이 만들어놓은 기준을 그대로 실천하기 어려우니까 '이만하면 괜찮아' 하면서 자기도 모르게 의식에서 지워버린 것입니다.

하지만 여전히 내면에는 엄격한 잣대를 갖고 있기 때문에 무의식의 세계에서는 늘 스트레스를 받게 됩니다. 즉 스스로를 속이며 살게 되는 거죠. 그리고 이와 반대 상황에서도 마찬가지입니다. 스스로에게 엄격한 사람은 남에게도 똑같이 그 잣대를 들이대며 늘 '저 사람은 이렇다 저렇다' 하고 평가를 합니다. 겉으로 자신의 생각을 드러내지 않더라도 속으로는 어쩔 수 없이 남을 자신의 기준에서 재단하게 되는 거죠.

하지만 이런 평가 기준이 너무 확고부동하면 유연한 사고를 할 수 없게 되는 단점이 있습니다. 남에게 너무 엄격한 잣대를 들이대면 인간관계에 문제가 생길 수 있고, 스스로에게 너무 가혹한 기준을 대입하다 보면 자신이 잘하고 있는 것도 못마땅하기만 할 수 있습니다. 그래서 우리는 내 안에 들어 있는 이 기준에 바람이 통하도록 만들어야 합니다. 남에게도, 나에게도 관대한 사람만이 정말 관대한 사람이며, 늘 평온할 수 있습니다.

나한테 힘들면 그냥 힘든 일

· · ·

여러분은 누군가가 해준 별거 아닌 말 한마디에 큰 위로를 받은 적이 있나요? 저의 에피소드를 하나 말씀드리고 싶어요.

어느 날, 지금 일하고 있는 동물병원의 부원장님께서 왜 전 직장을 그만뒀냐고 물어보셨습니다. 많이 힘들었냐는 말도 함께 하시면서요. 그런데 저는 갑자기 당황하면서 "객관적으로 보면 그렇게까지 힘든 일은 아니었는데요. 남들도 다 그 정도는 하던데, 저만 유별나게 힘들어했던 것 같아요"라고 얼버무렸습니다. 그런데 이때 그분이 "남이 힘들어하고 안 힘들어하고가 무슨 상관이에요. 나한테 힘들면 그냥 힘든 일인 거죠"라고 말씀하시는 거예요.

이 말 한마디에 제 가슴은 녹아내렸습니다. 저는 저 스스로에게 이런 말을 해주지 못했기 때문이에요. 사실 전 직장에서 겪었던 몇몇 일들은 저에게는 정말 힘든 일이었지만, 애써 부정하고 있었던 겁니다. 사회생활에서 이 정도 고통도 이겨내지 못하면 혹은 여기서 내가 버티지 못하면 경쟁 사회에서 지는 거라고 생각했던 것 같아요.

남들이 다 겪는 시행착오, 고통, 인생의 시련. 인간으로 태어난 이상 매일 반복해야 하는 일들. 이런 평범한 일들도 힘들지 않은 것이 아니라는 것, 매일 해야 하는 일이기 때문에 익숙한 것뿐이지 엄청난 에너지가 필요한 일이라는 것. 이런 일들을 날마다 하고 있는 나 자신을 인정해주는 말. 나는 그런 말이 듣고 싶었던 거구나 하고 새삼 깨닫게 되었습니다. 저 역시 어렸을 때는 멋진 어른을 꿈꿨습니다. 남들과는 다른 일을 해내는 특별한 사람이 될 거라고 다짐했습니다. 하지만 어른이 되고 보니 평범하게 산다는 것조차 결코 쉬운 일이 아니라는 것을 깨달았습니다.

그래서 오늘은 너무 당연해서 소중함을 잊고 있었던 나의 일상. 그 속에서 내가 하고 있는 일이 얼마나 대단한 일인지 다시 한번 짚어보면서 하루를 시작하면 어떨까 해요. '오늘은 어제보다 더 잘하자, 더 성과를 내보자'라는 말을 하려는 게 아닙니다. 평온한 일상을 유지하고 있는 것만으로도 당신은 위대한 하루를 보내고 있다고 말하고 싶은 거예요. 날마다 나의 텐션으로 꾸준히 하고 있는 일들을 노트에 한번 적어보세요. 예를 들어볼까요?

회사, 학교에 다니는 일.

살이 빠지거나 찌지 않고 비슷한 체중을 유지하고 있는 일.

자녀를 양육하고 있거나 반려동물을 돌보는 일.

돈을 벌고 버는 한도 내에서 저축하는 일.

집, 가방, 지갑 등을 날마다 깨끗하게 유지하는 일.

주말마다 교회(혹은 성당, 절)에 다니는 일.

나 자신을 먹이고 재우는 일.

---

etc.

　이런 일들은 매일 숨 쉬듯이 하고 있기 때문에 그냥 당연한 거라고 생각하기 쉽지만 생각해보면 날마다 굉장히 많은 에너지가 들어가는 일입니다. 여러분은 오늘 어떤 당연한 일을 또 해내셨나요? 오늘 아침에는 이렇게 살기 위해 애쓰고 있는 나 자신을 칭찬하면서 하루를 시작해봐요.

day26 모닝 1분 루틴

1단계 출근을 해서 업무에 들어가기 전, 잠깐 노트와 펜을
꺼낸다(육체노동자라면 출근길에 머릿속으로
상상 속의 노트와 펜을 꺼내면 된다).

2단계 날마다 내가 꾸준히 하고 있는 일의 리스트를
생각나는 대로 적어본다.

3단계 당연한 일이지만 꾸준히 잘 해내고 있는
나 자신에게 대견하다고 말해주며 하루를 시작한다.

day 27
1년 전의 내 모습과
오늘의 내 모습을 비교해본다

날마다 하면 누구나 잘하게 될 수밖에 없다

. . .

1년차 수의사의 최대 고민은 바로 동물의 정맥 찾기가 아닐까 합니다. 피검사를 위해 채혈을 할 때도, 수액이나 정맥주사를 놓기 위해서도 정맥부터 찾아야 하기 때문입니다. 수의사에게 정맥 천자(속이 빈 가는 침을 몸속에 찔러 넣어 체액을 뽑는 일)는 가장 기본적이고 필수적인 기술입니다.

그렇기에 1년차 수의사 입장에서는 하루라도 빨리 정맥주사에 능숙해지고 싶은 것이 당연한 일입니다. 이 때문에 정맥주사 놓을 기회가 많다고 소문난 동물병원에서 인턴십을 하고 싶어 하기도 합니다. 하지만 2년차만 되어도 이런 고민이 부질없다는 것을 깨닫게 됩니다. 왜냐하면, 어차피 시간이 지나면 누구든 잘할 수밖에 없는 일이기 때문입니다. 저에게도 지금은 혈관 찾는 것이 동물병원에서 일어나는 모든 일 중에 가장 쉬운 일입니다. 한정된 검사 결과를 토대로 정확한 진단을 하는 일, 보호자 교육을 잘하고 보호자를 안심시키는 일, 약물 부작용을 잘 컨트롤하면서 의도한 치료 효과를 내는 일 등등이 어렵지, 혈관에 바늘 꽂는 일은 정말 너무나도 쉬운 일입니다.

왜 이렇게 쉬운 일이 되었을까요? 그것은 그냥 매일 했기 때문입니다. 정맥주사 놓는 것에는 꿀팁도 없고, 〈정맥주사 잘 놓는 법 1 to 10〉과 같은 제목의 영상을 볼 필요도 없습니다. 날마다 하면 그냥 누구나 잘하게 되는 일입니다. 자신이 왜 잘하게 됐는지 그 이유도 모른 채 그냥 잘하게 됩니다. 그래서 옆에서 가르쳐주는 것도 한계가 있습니다.

하지만 많은 새내기 수의사들이, 같이 입사한 동료 수의사는 잘하는데 자신은 잘 못 할 때 많이들 좌절합니다. 자전거 배우는 것처럼 누구나 시간이 지나면 잘 할 수 있는 일인데도요. 물론 정맥 찾기와는 다르게, 한정된 시간 안에 정량화된 목표를 채워야 하는 일도 있습니다. 특정 시험이나 데드라인이 정해진 업무 같은 것들이죠.

하지만 한번 생각해보세요. 우리가 일상에서 목표로 세운 것들은 사실 시험과는 거리가 먼 것들이 많습니다. 이런 것들은 새내기 수의사가 정맥주사 놓는 방법을 터득하는 것처럼 날마다 꾸준히 하기만 하면 익숙해지는 것들이라는 말이죠.

금방 포기하게 되는 이유

．．．

그런데 경쟁에 익숙한 우리의 뇌는 모든 일을 시험이라고 생각하는 습관이 있습니다. 남들보다 더 빨리 더 잘 해야만 이 사회에서 살아남을 수 있다는 강박관념이 뼛속 깊이 각인돼 있는 거죠.

잘하고 싶은 일은 많지만, 금방 포기하게 되는 이유가 뭔지 한번 생각해보세요. 끈기가 없어서? 동기부여가 안 돼서? 저는 남들과 비교하면서 최대한 빨리 효과를 보려는 욕심 때문이라고 생각합니다. 다이어트를 예로 들어볼까요? 다이어트에 실패하는 것에도 많은 이유가 있습니다. 바빠서 운동할 시간이 없어서, 스트레스를 받으면 폭식하는 버릇이 있어서, 단 음료수에 중독되어서 등등 수많은 이유를 들 수 있겠죠.

하지만 다이어트를 계속 반복하면서 실패하는 이유는 최단 시간 안에 최대한 많이 감량하고 싶은 욕심 때문입니다. SNS에는 일주일 만에 4kg을 뺐다느니 하는 이야기들 즉 '급찐급빠(급하게 찐 살, 급하게 빼기)' 콘텐츠들이 넘쳐납니다. '저 사람이 일주일 만에 4kg을 뺐다니, 나도 이 악물고 열심히 해서 저렇게 해야겠다'라는 생각이 절로 듭니다. 이렇게 급하게 다이어트를 하려면 당연히 세 끼 모두 정상적이라고 볼 수는 없는 초저열량 식단을 유지해야 합니다. 하루도 빠지지 않고 쓰러지기 직전까지 운동도 해야겠죠. 하지만 이런 생활을 오래 지속할 수는 없기 때문에 목표를 달성하기도 전에 나가떨어지고 마는 거죠. 눈에 띄게 성과를 낸 남들의 이야기가 기준이 되면 이렇게 실패를 반복하는 악순환에 빠집니다.

그렇다면 어떻게 해야 할까요? 사실 이 질문에 단 하나의 정답은 없습니다. 중요한 건 남과 비교하지 않고 그저 날마다 조금씩 꾸준히 '나의 페이스'를 찾는 방법밖에 없습니다. 아무리 실력 없는 수의사라도 날마다 정맥 주사를 놓게 되면 저절로 잘하게 되는 것처럼 아무리 운동에 젬병인 사람이라도 최소 '30분씩 조깅하기'를 날마다 하게 되면 폐활량은 저절로 늘게 돼 있습니다. 이때에도 '마라톤 대회에 나가서 순위에 들겠다'라는 목표를 세워선 안 됩니다. '날마다 꾸준히 30분씩만 뛰자'라고 나의 수준에 맞는 목표를 세우라는 말이죠. 30분이 어려우면 15분으로 줄여도 괜찮습니다. 뛰는 게 힘들면 걷기로 바꿔도 괜찮다는 말입니다. 그렇게 조금씩 내 몸이 운동과 친하게 만들어서 적응이 되면 점점 시간을 늘려가는 방식을 택해야 합니다.

잘 아시다시피 성장은 굴곡 없는 상승 곡선이 아닙니다. 위아래로 잔진동을 반복하면서 천천히 계단식으로 우상향한다는 것이 정설입니다. 하루 30분 조깅을 50분으로 늘렸는데, 어떤 날은 그것조차 되지 않을 수도 있습니다. 한참 동안 꾸준히 해도 정체된 것 같은 느낌이 드는 날이 더 많을 수도 있고요.

남들과 비교하지 않고, 경쟁적인 결과나 목표에 대해 생각하지 않은 채 나의 페이스대로 오늘 할 일을 할 때, 그것이 오히려 도움이 되는 경우가 훨씬 많습니다. 어느새 바뀐 습관으로 살다가 돌아보면 훌쩍 달라진 내 모습에 '어 내가 언제 이렇게 됐지?' 하고 돌아보게 되는 거. 그것이 진짜 성장의 실체입니다.

타인과 비교하지 말고
어제의 내 모습과 비교해보자

• • •

하지만 우리는 이미 비교에 너무 익숙하죠. 사회적 동물이기에 누군가의 모습을 동력 삼아 목표를 세우는 것이 본능이기도 합니다. 그래서 오늘은 꼭 누군가와 비교를 하고 싶다면 어제, 일주일 전, 혹은 1년 전의 내 모습과 비교해보면서 하루를 시작하면 어떨까 제안합니다. 어제의 내 모습보다 조금 나아진 점을 하나 찾아내면서 긍정적인 하루를 시작해보는 거예요. 아주 사소한 것도 괜찮습니다. 예를 들면, 저는 어제까지는 테이블에 노트북을 그냥 두고 구부정한 자세로 글을 썼습니다. 그런데 오늘은 노트북 스탠드라는 것으로 모니터 높이를 높여놓고 글을 쓰니 고개를 숙이지 않게 되어서 뒷목이 한결 편해졌습니다. 고개를 들게 되니 어깨도 펴지고 자세가 바르게 되어서 일이 더 잘되는 느낌입니다. 한 달 후에 '바른 자세로 글쓰기 대회'에 나갈 것이 아니기 때문에, 어제보다 조금 더 나아진 것으로 충분히 만족합니다.

여러분도 오늘 아침에는 어제 혹은 1년 전 내 모습과 지금 내 모습을 비교해보세요. 비교를 하다 보면 훨씬 더 나아진 내 모습을 여러 가지 발견할 수 있을 거예요. 훨씬 더 나아진, 더 성숙해진 나에게 아낌없는 박수를 쳐주며 하루를 시작해봅시다.

day27 모닝 1분 루틴

1단계 1년 전의 내 모습과 오늘의 내 모습을 비교해본다
(남들과 비교하는 것에는 신경을 차단한다).

2단계 더 나아진 점이 있다면 종이에 적어본다.

_____

_____

3단계 더 성숙해진 나 자신에게 박수를 치면서 하루를
시작한다.

누군가에게 건넬
따뜻한 말 한마디를 준비한다

단지 새로운 견생을 살게 되길 바라는 마음

· · ·

최근에 수의 봉사활동을 다녀왔습니다. 불법 강아지 번식
장에서 구조한 강아지들을 중성화 수술하는 일이었습니다.
100마리가 넘는 암컷 강아지들을 수술했습니다. 저는 마취
회복팀에서 일했습니다. 수술을 마친 강아지들을 인계받아,
마취가 완전히 깰 때까지 보살피는 일이었습니다. 마취에서
완전히 회복하는 데 걸리는 시간은 환자마다 다릅니다. 짧
게는 10분에서, 길게는 6시간까지도 걸립니다. 강아지가 깨

기 전에 진통제와 마취 깨는 약을 주사하고, 심박 수와 호흡수, 체온을 모니터링합니다. 심박 수가 떨어지는 환자에게는 응급 약물을 주사하기도 합니다. 마취된 환자들은 깰 때 몸부림을 칠 수도 있기 때문에 테이블 위에 올려놓을 수가 없어, 바닥에 일회용 패드를 깔고 눕혀놓아야 합니다. 그러다 보니 마취 회복팀 수의사들은 쪼그려 앉은 상태에서 오리걸음으로 왔다 갔다 하면서 간호할 수밖에 없었습니다. 아침 9시 30분에 시작된 봉사활동은, 정확히 밤 9시에 끝났습니다. 중간에 화장실 갈 때와 15분 남짓한 식사 시간을 제외하고는 잠시도 쉬지 못했습니다. 단언컨대 제가 평생 해본 육체노동 중 가장 강도가 높았던 것 같습니다.

열 시간 넘게 몸을 펴지 못하니 무릎과 허리가 아팠습니다. 오후 5시쯤부터는 '그냥 도망가버릴까?' 하는 생각이 들 정도였습니다. 평일에 동물병원에서 일하는 것과는 비교도 안 되게 힘들었습니다. 만약에 월급 받는 회사에서 이 정도 강도의 노동을 시켰다면 당장 욕이라도 해주면서 때려쳤을지도 모를 일이었어요.

하지만 봉사 나온 선생님들은 모두 아무런 불평 없이 각자 맡은 일을 묵묵히 해냈습니다. 동기는 단 하나뿐이었습니다. 더 이상 펫숍에서 팔려나갈 새끼 낳는 일은 하지 않고, 이제 누군가의 사랑을 받는 반려동물로 새로운 견생을 살게 되길 바라는 마음. 이게 전부였습니다.

자발적 동기에서 시작한 일은 왜 즐거울까?

• • •

어떻게 돈 한 푼 받지 않고 모두가 똑같은 마음을 가질 수 있었을까요? 하지만 역설적이게도 돈 한 푼 받지 않았기 때문에 모두가 같은 마음을 가진 게 아닐까 생각합니다. '누가 시켜서' 혹은 '돈을 벌기 위해서'가 아닌 순수하게 '자발적 동기' 때문에 시작한 일은 그 자체가 즐겁고, 다른 일과는 비교할 수 없는 성취감을 줍니다. 자발적 동기부여에 대한 책 『드라이브』에는 이런 구절이 나옵니다.

> 보상이 있기에 흥미진진했던 일이 틀에 박힌 지루한 업무로 변형되고, 놀이는 일이 된다. 보상은 내재적 동기를 축소시키면서 성과와 창의성, 심지어 고결한 행동까지 모두 도미노처럼 무너뜨린다.
>
> _다니엘 핑크 저, 김주환 역,

『드라이브』, 청림출판, 2011, 54쪽 중에서

다니엘 핑크에 의하면 좋아하던 일이 보상을 위한 일이 되면 오히려 더 하기 싫어지고, 마지 못해 하는 일로 변질된다는 것입니다. 이 주장은 사람들이 전통적으로 알고 있는 '당근과 채찍' 이론을 전복시킵니다.

저에게는 다니엘 핑크의 이론이 더 와 닿습니다. 저 역시 남이 시킨 일을 싫어하고, 내가 하고 싶은 일을 하고 싶은 만큼 하면서 살고 있으니까요. 사실 공부도 내가 하고 싶은 공부를 할 때 재미있고, 누가 시켜서 하면 재미가 없죠. 제가 대학생일 때, 성적이 썩 좋은 편은 아니었습니다. 저는 유독 시험공부를 힘들어했어요. 하지만 수의사가 되고 난 후, 스스로 찾아서 하는 공부는 너무나도 재밌었습니다. 낮에 진료를 보다가 궁금한 점이 생기면 퇴근 시간 이후에도 진료실에 남아 밤늦게까지 책과 논문을 뒤지며 공부했습니다. 대학생 때 시험을 싫어했던 제가 수의사가 된 후에는 무려 공부 콘텐츠로 수만 명의 구독자가 있는 유튜브 채널을 운영하게 되었습니다.

지금 생각해보면 시험공부는 나의 흥미나 동기와는 상관

없이 교수님이 지정해준 날짜까지, 지정해준 범위를 공부해야 하니 재미가 없었던 것 같아요. 성적이라는 외부적 동기 때문에 어쩔 수 없이 해야만 하는 거였으니까요. 하지만 내가 궁금해서 시작한 공부는 흥미진진 그 자체였습니다. 이것이 바로 다니엘 핑크가 말한 외부적 동기와 내부적 동기의 차이가 아닐까요.

사람이 주는 따뜻함

• • •

2022년 10월 29일, 이태원에서 발생한 사고로 159명의 희생자가 발생했습니다. 국민들에게 정말 큰 충격을 줬죠. 저 역시 큰 충격을 받았고 이 사고의 추모 기도 행사에 참석했습니다. 밤 10시에 시작해서 아침 6시까지 철야 기도가 이어졌습니다. 159명의 희생자를 위한 159개의 초를 준비했습니다. 기도에 참가한 사람들이 돌아가면서 차와 초를 올리고, 추모 묵념을 하고, 총 159개의 초가 켜질 때까지 8시간이 꼬박 걸렸습니다. 다른 사람들이 초를 올리는 동안에는 좌선 자세로 앉아서 기도와 명상을 했습니다. 30분만 앉아 있어도 다리가 너무 저리고, 등과 허리가 아파서 죽을 노릇이었습니다. 거의 기도가 끝나갈 무렵, 다시 초를 올리러 단상 앞에 나갔는데 문득 초가 너무 많다는 생각이 들었습니다. 나는 이렇게 잠깐만 앉아 있어도 다리가 저려서 미칠 것 같은데, 압사로 돌아가신 분들이 너무 많구나…. 유가족분들의 심정은 오죽할까…. 이런 생각이 들면서 갑자기 주체할 수 없을 정도로 눈물이 나기 시작했습니다. 자리에 돌아와 숨죽여서 울고 있는데, 옆에 앉아 있던 분이 조용히 나가더니 말없이 티슈를 저에게 갖다 주셨습니다. 그저 티슈일 뿐이었지만 그 순간 제 마음이 따스해지면서 큰 위로를 받았습니다. 세상은 험하고 이해할 수 없는 비극이 많이 일어나지만 사람을 위로해주는 것은 역시 또 다른 사람이 주는 따뜻함이구나 라는 생각이 들었습니다. 그분 역시 '누가 시켜서'가 아닌 '자발적 동기'로 그 자리에 오셔서 저에게 따뜻함까지 전해주셨겠죠.

돈 한 푼 들이지 않고 성취감을 느낄 수 있는 일

. . .

그렇다면 여러분이 자발적 동기로 하고 있는 일에는 뭐가 있나요? 물질적 보상이나 외부 압력 때문이 아닌 순수하게 내면에서 우러나온 동기 때문에 하게 된 일. 누군가에게는 공부가, 누군가에게는 자신의 일이, 또 누군가에게는 가족들을 돌보는 일이 그럴 수도 있을 겁니다. 저는 물질적 보상이 없지만 자발적 동기로 성취감을 느낄 수 있는 일 중 가장 간단한 일로 '타인을 돕는 일'을 권하고 싶어요. 이때 도움은 큰 것이 아니어도 됩니다. 받는 사람이 부담을 느낄 정도의 큰 도움은 오히려 상대방에게 부채감을 심어줄 수 있어요. 또 돈을 들여서 누군가를 돕는 거창한 일을 말하는 것도 아닙니다. 그냥 누군가가 힘든 짐을 들고 계단을 오르고 있을 때 같이 짐을 들어주거나 정수기 물을 갈거나, 쓰레기 버리러 갈 때 옆자리에 있는 쓰레기도 같이 버리는 일 정도로도 충분합니다. 또 이것도 아니라면 누군가에게라도 진심 어린 따뜻한 말 한마디를 건네는 것도 좋습니다.

이때 조심해야 할 건 남을 돕는 나 자신이 돋보이길 바라지는 말아야 한다는 겁니다. 또 친절한 사람이 되기 위해 마음에도 없는 말을 해서도 안 되겠죠. 오늘 아침에는 누군가에게 건넬 따뜻한 말 한마디를 준비해보아요. 친구든, 가족이든, 회사 동료든, 혹은 그냥 낯선 타인이든 상관없습니다. 그 누구에게라도 따뜻한 말 한마디를 던지면 그 말을 듣고 있는 나 자신에게도 따뜻한 기운이 번지면서 기분 좋은 하루가 펼쳐질 거예요.

day28 모닝 1분 루틴

1단계 아침에 일어나자마자 내가 타인에게 건넬
'따뜻한 말 한마디'를 생각해본다. 아주 사소한 것도
괜찮다.

예

"○○야, 너의 존재에 감사해."
"오늘 하루, ○○ 씨 덕분에 잘 마감했습니다. 감사합니다."
etc.

내가 건네고 싶은 따뜻한 말

_____

_____

2단계 하루 동안 기회가 생기면 아침에 생각해둔
'따뜻한 말 한마디'를 건네본다.

day 29
나만의 모닝 1분
루틴을 만들어서 실천해본다

오늘은 제가 아닌 지금 이 글을 읽고 있는 여러분만의 개성이 담긴 1분 루틴에 대한 이야기를 듣고 싶습니다. 모든 사람에게는 각자 자신만의 세계와 우주가 있습니다. 각자의 사연이 있고 그 속에는 자신만의 피와 땀, 눈물이 있을 겁니다. 지구의 인구가 80억 명이면 80억 개의 사연이 있을 거라고 생각해요. 오늘은 여러분 자신에게 가장 잘 맞는 혹은 필요한 루틴을 스스로 구상해서 실천해보세요. 남들이 이상하다고 욕해도 그냥 신경 쓰지 마세요. 나를 행복하게 만들고, 더 살게 싶게 만들어주는 루틴이라면 그 누가 뭐라 해도 괜

찮습니다. 자, 그럼 정말 나만의 1분 루틴으로 하루를 시작

해볼까요?

day29 모닝 1분 루틴

1단계 그 누구도 아닌 나만의 개성이 담긴 아침 루틴을 구상해본다.

나만의 루틴 1단계 :

_____

_____

2단계 아침에 일어나자마자 세상에서 하나밖에 없는 나만의 루틴을 실행해본다.

나만의 루틴 2단계 :

_____

_____

3단계 창의적인 나 자신을 대견해하며 하루를 시작한다.

나만의 루틴 3단계 :

_____

_____

뭐든지 마음만 먹으면
해낼 수 있는 나를
아낌없이 칭찬해준다

크게 축하하면 작은 일이 큰일이 된다

． ． ．

자, 이제 여러분은 이 책의 마지막 꼭지를 읽고 계십니다. 축하드립니다. 30일 동안 꾸준히 하루에 하나씩 실천하는 분도 있을 거고, 어떤 건 실천하고 어떤 건 지나치는 분도 있을 거예요. 또 30개의 루틴을 두 달, 세 달 혹은 그 이상의 시간에 걸쳐 느릿느릿 실천하는 분들도 분명 있을 겁니다. 실천하지 않고 그냥 눈으로만 책을 읽은 분들도 당연히 있을 거고요. 1개의 루틴을 골라 한 달 내내 실험해보든, 30개의 루틴을 꼬박 한 달 안에 실험해보든 그 어떤 방식이든 상관없습니다. 이 책의 마지막 장에 도달하신 여러분을 환영합니다. 오늘은 이 모든 과정을 마친 나 자신에게 축하의 메시지를 전할 차례입니다.

저희 가족은 생일에 꼭 생일 케이크와 미역국을 준비합니다. 축하할 일은 꼭 크게 축하해야 더 잘 살고, 운이 더 좋아진다는 믿음 때문인 것 같아요. 생일에 미역국을 먹어야 사람이 덕이 있다는 미신 때문이기도 하지만요. 기쁨은 굉장히 주관적인 영역입니다. 기쁠 일이 없을 때 기뻐하기란 힘들지만, 작은 일을 크게 부풀려서 기뻐하는 건 비교적 간단한 일이죠. 그래서 저는 작지만 좋은 일이 있을 때도 크게 축하하는 편입니다. 저는 학교를 졸업한 이후로 정말 여러 번 이직을 했습니다. 수의사의 경우 다른 직종에 비해 이직이 비교적 쉬운 편이이서 그렇기도 합니다. 저에게는 퇴사하고 다시 면접 과정을 거쳐 새로운 곳에 입사하는 것이 별로 대단한 일은 아니지만 그래도 저는 항상 이직을 기념합니다.

월급날에는 맛있는 음식이라도 먹으면서 소소하게 자축하는 시간을 갖습니다. 그리고 주변 사람들의 좋은 일도 항상 호들갑스럽게 축하하는 편입니다. 축하받는 사람이 가끔

민망해하기도 합니다. "그렇게 대단한 일도 아닌데 뭘…" 하면서 쑥스러워하면 "아니야, 아무리 작은 일이라도 크게 축하하면 큰일이 돼"라고 말해줍니다. 처음엔 쑥스러워하지만 곧 당사자도 그 분위기를 즐기게 됩니다.

마음속에 들어 있는 어린 아이에게
칭찬을 아끼지 말자

• • •

완벽주의자들은 자신이 이룬 일을 계속해서 축소합니다. '남들도 다 하는 일인데 뭐', '마감만 겨우 맞췄는데 뭐', '운이 좋았을 뿐이야', '매달 받는 쥐꼬리만 한 월급인데…' 하면서요. 하지만 잘했다, 못했다는 온전히 개념의 영역입니다. 같은 일을 해내도 내가 '못했다' 딱지를 붙이면 못한 일이 되고, '잘했다' 딱지를 붙이면 잘한 일이 될 수 있다는 거죠.

아이들은 잘했다고 해주면 더 열심히 하고 싶어 하고, 못했다고 지적하면 시무룩해합니다. 여러분의 마음속에도 어린 아이가 살고 있다는 걸 잊지 마세요. 어쨌든 뭔가 기념할 만한 작은 일이 생겼다면 아낌없이 자신을 칭찬해주세요. 마음 여린 아이 하나를 키운다고 생각하면 쉽습니다. 작은 목표지만 하고 싶은 일을 해냈을 때 자신에게 맛있는 식사라도 대접하세요. 사고 싶었는데 미뤄둔 뭔가가 있다면 스스로에게 선물할 절호의 기회입니다. '내가 그런 걸 받을 자격이 있을까?' 하고 의심하지 마세요. 그렇게 취급하면 나는 그런 사람이 되고, 그렇게 생각하면 그 일은 그럴 만한 일이 되고 맙니다. 모든 것은 이름 붙이기 나름이고, 믿기 나름이니까요. 많은 심리학자들이 공통적으로 중요하다고 말하는 것이 바로 '현재의 긍정적인 감정을 충분히 음미하는 것'이라고 합니다. 없는 긍정을 억지로 만들어내는 것이 아니라, 기분이 좋을 때 그 상태를 충분히 느끼고 현재에 잘 머무르는 것을 말하는 것이지요.

당신은 정말 멋진 사람

• • •

저는 지금 이 책의 마지막 꼭지를 쓰고 있습니다. 이 글을 다 쓰고 나면 탈고 기념 파티를 할 거예요.

여러분도 30개의 루틴 중 단 하나의 루틴이라도 내 일상에 실험해보고 변화된 나를 느꼈다면 충분히 자기 자신을 축하해보세요. 그리고 주변에 소문을 내서 축하를 받기도 해보세요. 만끽할 일은 충분히 만끽해야 합니다. 잘 즐기는 사람에게는 또 다른 즐길 자격이 부여되니까요. 잘된 일을 자랑하고 다니면 미움받는다고, 일부러 숨기는 사람들도 있습니다. 내가 잘된 일을 자랑해도 '재수 없다'는 말을 듣지 않으려면 평소에 남이 잘됐을 때 진심으로 격려하고 축하해주면 됩니다. 남을 잘 축하해주는 사람은, 자신이 축하받을 때도 진심으로 감사히 축하받을 수 있는 사람이 됩니다. 남이 잘됐을 때 질투하지 않아야 내가 잘됐을 때 질투하지 않는 친구가 곁에 있는 것도 마찬가지겠죠.

오늘은 30일 동안 루틴을 수행한 나 자신을 호들갑스럽게 축하하면서 하루를 시작해보세요. 이 책을 끝까지 완주한 당신은 정말 멋진 사람입니다. 당신은 뭐든지 마음만 먹으면 해내는 사람입니다.

day30 모닝 1분 루틴

1단계 아침에 일어나서 "○○야, 너는 뭐든 마음만
먹으면 해내는 사람이야! 너는 멋진 사람이야"라고
스스로에게 말해준다.

2단계 하루 동안 자기 자신에게 작은 선물을 하거나
맛있는 식사를 대접한다.

3단계 자축 파티를 찍어서 SNS에 올리거나 친한
친구들에게 공유한다.

에너지의 방향만 바꿔도
일상은 달라진다

저는 "남들은 다 하는데 왜 너만 유별나게 굴어?"에서 '너'를 담당하던 사람이었습니다. 남들 다 하는 쉬운 일 하나 하는 것도 너무나 괴로웠던 탓에 어떻게든 살아남으려고 방법을 찾았고, 이 책은 그 과정에 대한 고군분투기입니다.

적성에 맞지 않고 너무 힘들어도 '어른이니까, 직장인이 니까, 남들도 다 그렇게 하니까, 원래 사회는 냉혹하니까…' 라는 말들로 울면서 버티던 제가 '정말 이게 맞아? 더 즐겁게 하는 방법은 없을까?' 하고 새로운 방법을 모색하자 삶이 조금씩 달라지기 시작했습니다. 마냥 버티는 데 에너지를 쓰는 게 아니라 변화하는 데 에너지를 쓴 결과였죠. 이렇게 에너지의 방향만 바꿨을 뿐인데도 일상은 180도 달라졌습니다. 제가 시도했던 여러 방법들을 독자 여러분 중 누군가 시도해서 일상에 작은 변화가 시작된다면 그보다 더 기쁜 일은 없을 것입니다.

특별히 잘난 것 없는 저에게 타고난 것이 있다면 인복입니다. 주로 힘들었던 이야기 위주로 쓰다 보니 가족에게 상처받은 사건만 나열했지만, 사실 저는 부모님께 돈으로는 살 수 없는 유산을 물려받았습니다. 최악의 순간을 맞이해도, 바람이 그물을 지나가듯 의연하게 버티어내는 부모님을 보며 자랐습니다. 심각한 상황에서도 농담 한마디 던질 수 있는 여유를 두 분으로부터 배웠습니다. 부모님은 현실이 녹록지 않아도 어떻게든 용기 있게 뛰어들고, 하고 싶은 일도 포기하지 않는 모습을 몸소 보여주셨습니다. 어른이 되고 나서야 그것이 얼마나 대단한 것인지 깨닫게 되었습니다. 이 자리를 빌려 부모님께 감사의 말씀을 올립니다.

남이 시켜서 하는 일보다 스스로 좋아하는 일을 하려고 최선을 다하는 저이지만, 아시다시피 늘 좋아하는 일만 하고 살기란 녹록지 않습니다. 제가 가장 좋아하는 일인 '창작'을 지속할 수 있게 허락해주신 독자님과 유튜브 구독자님들께 특별히 감사의 말씀을 드립니다. 더 열심히 하겠습니다.

2024년 4월

류한빈

류한빈

직업으로 스스로를 정의하기 힘든 N잡러. 본업은 수의사지만 출근하는 시간은 최소한으로 줄이고 콘텐츠 크리에이터, 온라인 클래스 강사, 배우, 작가, 플래너 제작자 등 하고 싶은 일을 추구하며 살고 있다. 대학에서 전임교수로 일할 기회가 주어졌지만 그 무엇보다 자유가 소중했던 그녀는 1년 만에 안정된 자리를 박차고 나와 다시 N잡러의 삶을 택했다.

본업인 수의사 업무와 더불어서 공부 유튜브인 한빈이스터디로그(@HANBINISTUDYLOG)를 7년째 운영하면서 클래스 101에서 시간 관리 강의도 진행 중인 그녀는 독립영화 〈흐르다〉에 출연한 배우이기도 하다. 앞으로도 계속 연극배우, 독립영화 감독 등에도 도전할 계획이다.

퇴근 이후 저녁 시간 활용법을 다룬 전작 『아침이 달라지는 저녁 루틴의 힘』은 국내 자기계발 베스트셀러로 일본, 중국, 대만, 태국, 베트남, 러시아 등 6개국에 수출되면서 지금도 계속 인기를 이어가고 있다. 3년 만에 내놓는 후속작인 이 책 『아침 1분 아주 사소한 습관 하나』는 한 달 동안 아침에 일어나자마자 실행할 수 있는 작은 루틴 30개를 소개한다. 아침에 처음 들었던 노래를 하루 종일 흥얼거리게 되듯, 그녀가 권해준 아침 1분 루틴을 따라 하다 보면 어느새 짜증과 우울은 달아나고 인생을 긍정하는 나 자신을 발견하게 될 것이다.

작가의 한마디 :
하고 싶은 일은 겁내지 않고 도전하고,
하기 싫은 일은 되도록 쉽고 재미있게 만듭니다.

아침 1분
아주 사소한 습관 하나

하루를 통째로 바꾸는 아침 1분 루틴의 힘

1판 1쇄 인쇄 | 2024년 4월 25일
1판 1쇄 발행 | 2024년 5월 3일

지은이 | 류한빈
기획·편집 | 박지호   마케팅 | 김재욱
디자인 | design PIN

펴낸이 | 김재욱, 박지호
펴낸곳 | 포텐업
출판등록 | 제2022-000323호
주소 | 서울시 마포구 월드컵로7안길 20 302호(04022)
전화 | 070-4222-1212 팩스 | 02-6442-7903

이메일 | for10up@naver.com
인스타그램 | @for10up

ISBN 979-11-984764-5-6 03190
값 17,800원